The Old Towns of
ChongQing

李明忠 · 著

安居

巴渝古镇

双江环绕古城隅，鱼跃鸢飞禾满墟。
万盏明灯来夜半，人物繁华好安居。

重庆出版集团 重庆出版社

图书在版编目（CIP）数据

安居 / 李明忠著. —重庆：重庆出版社，2023.9
ISBN 978-7-229-17966-3

Ⅰ.①安… Ⅱ.①李… Ⅲ.①古城—介绍—重庆
Ⅳ.①K928.5

中国国家版本馆CIP数据核字（2023）第173238号

安居
ANJU

李明忠　著

策　　划：郭　宜
责任编辑：张　跃
责任校对：李小君
装帧设计：刘　洋
摄　　影：柏　强

重庆出版集团
重庆出版社　出版

重庆市南岸区南滨路162号1幢　邮政编码：400061　http://www.cqph.com
重庆出版社艺术设计有限公司制版
重庆一印包装印务有限公司印刷
重庆出版集团图书发行有限公司发行
E-MAIL:fxchu@cqph.com　邮购电话:023-61520646
全国新华书店经销

开本：787mm×1092mm　1/16　印张：13.5　字数：190千
2023年10月第1版　2023年10月第1次印刷
ISBN 978-7-229-17966-3
定价：72.00元

如有印装质量问题，请向本集团图书发行有限公司调换：023-61520678

版权所有　侵权必究

《巴渝古镇》丛书序

古城、古镇、古村落，在"古"字系列的现代旅游版图中，古镇处于承上启下的中层地位，数量比古城多，品质比古村落高，举足轻重，备受青睐。要振兴乡村，包括古镇在内的乡镇也是龙头，乡镇不活，村即难兴。

镇，作为县下的一种行政建置，源头在于上古里邑。至迟从西周开始，凡有人聚居处，二十五家即成为一里。里又指商贾聚集的地方，《国语·齐语》称之为"十轨为里，里有司"。邑则是最早形成的城市，大称都，小称邑。城市的产生，与文字使用、青铜冶炼共同构成文明滥觞。所谓"十轨为里"的里，发展到相当规模，就可能演变为邑。从秦汉直至隋唐，里和乡一直都是县以下的基层组织。唐代已是有户为里，五里为乡，皆设有司督察民风。宋代的经济社会繁盛空前，开始在人口稠密、市集兴旺的乡一级地方设镇。如宋人高承《事物纪原·库务职局》所说："民聚不成县而有税课者，则为镇，或以官监之。"镇的监官虽尚未入品，却得授权掌管全镇商税及民政。元明两代沿用其例。至清代一变，派驻市镇的巡检有了官阶，为从九品。至民国又一变，人口五万以上的村庄屯集地方称镇，人口不满五万的村庄屯集地方称乡，都设县下一级行政治理机构。

直辖后的重庆市，实行市、区（县）、乡（镇、街道）三级行政体制。二十多年来，乡、镇、街道经过不止一次的整合，乡的数量已大为减少，镇和街道数量则明显增多。2016年1月6日，重庆市规划局、市地理信息中心发布《2015重庆区划调整地图》，确认了截至2015年底，全市38个区县中，有乡200个（含14个民族乡），镇612个，街道213个，合计1025个。我们这套丛书指认的"巴渝古镇"，主要就在这612个镇当中。其所以未称"重庆古镇"而称"巴渝古镇"，是因为当今重庆系由历代巴渝演进而来，重庆的地域历史文化通称"巴渝文化"，在文化上认祖归宗，鉴古知今。

巴渝文化源远流长，异彩纷呈。在有文字记载的，长达3000多年的历史进程当中，历朝历代的巴渝住民创造出了烙着巴渝印记的物质文明、精神文明、制度文明（风俗、习惯）和生态文明，也给后人留下了重庆母城，以及众多古镇。早在1986年，重庆便成为了第二批国家历史名城。作为历史文化名城的重庆构件之一，2003年至今，在国家住房城乡建设部、国家文物局先后七批评定的固定历史文化名镇长廊里，重庆已有渝北区的龙兴镇，九龙坡区的走马镇，北碚区的偏岩镇（现金刀峡镇），巴南区的丰盛镇，江津区的中山镇、白沙镇、塘河镇、吴滩镇、石蟆镇，永川区的松溉镇，荣昌区的路孔镇（现万灵镇），铜梁区的安居镇，潼南区的双江镇，合川区的涞滩镇，綦江区的东溪镇，涪陵区的青羊镇，黔江区的濯水镇，酉阳县的龙潭镇、龚滩镇，石柱县的西沱镇，万州区的罗田镇，开州区的温泉镇，巫溪县的宁厂镇等23个古镇联袂上榜，约为全国名镇总数312个的7.7%。沙坪坝区的磁器口古镇现为街道，故不在其列，但知名度和美誉度绝不在这些名镇之下。另外一些重庆高级的历史文化名镇，例如酉阳县的后溪镇、秀山县的洪安镇和巫山县的大昌镇之类，文化涵蕴和自然风光也不遑多让，各具特色。我们这一套《巴渝古镇》丛书，描摹对象主要取自于前者，同时兼顾到了后两者，着眼点就在尽可能充分地反映重庆市的古镇风貌。

　　回顾巴渝文化的演进历程，不难清晰地发现，人的聚居方式是与经济社会发展相生相伴同向而行的，由里至邑、里邑共济的二元结构渐次形成势在必然。这其间，镇之成为一种区划虽然始于宋，但称里称乡早已有之，追本溯源不能拘于有无镇之名。据文献、文物从实考察，所有的巴渝古镇，或肇端于秦汉，或兴起于唐宋，或隆盛于明清，或扩张于民国，古远长短确有差异。但并不一定产生早就发展好，后之来者也可居上。在某一阶段，一些镇还曾作过县治，这比通常既"乡镇"合称，又"城镇"全称，更能体现出镇在属性上偏重于城，现代"城镇化"即由之而来。它们的共性在于，饱经历史风刀雨箭的冲刮，迄今仍然保存着相对而言特别丰富的文物，而且具有比较重大的历史价值或纪念意义，能够较完整地反映一些历史性的传统文化岁月和地方民族特色。在此前提下，又各具个性，或为乡土民俗型，或为传统文化型，或为民族特色型，或为商贸交通型。只不过，每一型都不是单一的形态，而是多种元素共生的混合形态，其中还不乏革命文化的红色元素。

　　支撑古镇的各种文物中，传统建筑最为尊显，最为珍贵。它们本身就是文化的结晶，同时也是历史的见证。它们好比巴渝地区的《清明上河图》部分本原，无可替代，无可克隆。它们融合式地积淀着中华传统建筑多种风格流派的丰厚文化精蕴，大音无声，庄严而恬静地演唱着巴渝文化交响乐。不需要刻意搜寻，今人和后人就可以直观地感受到，出自远古西南山林的，巴人先民习用的，迄今仍广见于川、渝、云、贵地区的干栏式建筑，及半干栏式吊脚楼建筑，乃是川派建筑的典型符号。而这典型符号，在山水之都重庆尤为彰明较著，浑同巴渝建筑标志，哪个古镇仍然保存着，哪个古镇就特别具有巴渝灵韵。重庆历来又是一个移民城市，尤其是清初"湖广填四川"，填川移民将其他地域的建筑艺术也传入了巴渝地区。其中最为特殊的当数皖派（徽派）建筑，它那青瓦白墙的基本配置，它那防火马头墙造型及其功能，它那民居、祠堂、牌坊"三绝"和木雕、石雕、砖雕"三雕"，很大程度上已反客为主成为清至民国年间巴渝建筑的标配。其次是苏派建筑，它那脊角翘高的屋顶，风韵别致的门楼，以及粉墙、黛瓦、明瓦窗和走马楼、过街楼，乃至藏而不露、曲径通幽的亭阁、园林，同时态的传播影响也迫近皖派。其他如京派的四合院对称布局，晋派的大院造型、窑洞造型，闽派的圆楼、方楼结构，亦有不同程度的影响。晚清重庆开埠前后，教会和洋商相继入渝，还带来了欧洲巴洛克建设样式。因此，但凡游古镇，千万不能放过了多元化和多样性的传统建筑，它们就是古镇肌体。

古镇肌体并非只具有物质属性，各个流派的建筑理念，都深寓着天人合一的哲学观念及和合为美的审美意识，这些要素合构成了传统建筑的精神内核。由之引申出，几乎所有古镇的初始建筑及其群落都注重取势，依山傍水，负阴抱阳，与周边的生态环境自然地融合，内部的天井、木石之类配置也与其协调。更重要的是，建筑的使用主体是人，人的生存和发展，特别是人与自然和社会相关联的创造性活动，更赋予它们人文属性。尤其是各种历史文化名人，他们的德行、经历、故事、遗物，都连接着他们的故居、宗祠、书院、行迹，跨越时空仍是所在古镇赖以扬名的一种珍稀文化资源。如果某座古镇还与重要历史事件结下了不解之缘，那么，事件所系的一切实体，也与历史虚实相生，构成另一种弥足珍贵的文化资源。凭借这两大文化资源，引领镇域以内的寺庙、官观、会馆、井肆、街巷、桥梁、码头、义渡、纤道、盐道之类的遗存或者遗迹，并且勾连确具地方、族群特色的民风民俗、美食美景，文化的丰厚性和灵动性就呼之欲出。让它们与旅游融合，就能给旅游增添鲜活的灵魂。

时迄于当下，巴渝古镇文旅融合得好的还是少数，多数仍处在顺流逐潮阶段，因而既有差距，更有诱人的开拓空间。这就迫切需要多方配合发力，在坚持做到积极保护的前提下，有序探索合理利用的有效途径。我们编撰出版这一套《巴渝古镇》丛书，出发点就在为之尽一分心，出一分力。本着唯真唯实、好读好用的原则，一个镇出一本书，每本书都图文相济，多侧面地逐个介绍巴渝古镇。

我们由衷地期盼,这套丛书能对文化旅游管理者、旅游经营者和从业者提供一些参考,多少有所启发。主要的适用对象,则是广大旅游爱好者,寄望他们借助这一套丛书,更加真切地了解巴渝古镇,从而进一步喜欢巴渝古镇,以促成巴渝古镇游出现一派新面貌。

蓝锡麟　2019年4月18日于淡水轩

品读安居 分序

本来，我不想写这本书，因为，写长篇小说《安居古城》耗去了太多精力，也产生了审美疲倦，一双眼睛老是盯着一个事物，即便是倾城倾国的佳人，也会失去新鲜感，难以产生亲近的冲动。

我顾虑重重。几年前，重庆大学出版社已经出版了《安居古城旧事》。选材，难免撞车；表达，害怕雷同。与其似曾相识燕归来，不如小园香径独徘徊。画鬼容易画虎难啊。这本书要求以纪实的笔调和朴实、自然的风格，写摸得着、看得见的古城，似乎比写小说难度大一些。我还担心材料撑不起一本书。安居虽然曾经设置县治，但断断续续，资料也不多。

铜梁籍老乡、出版人郭宜盛情相邀，我决定写。我想，一题同作，写出新意，是一个挑战。

我集中了一个多月的时间，艰难采访。我像个密探一样潜入安居，听导演讲解，捕捉吸引游客的闪光点；深入民间，剖析市井生活，了解古建筑背后的故事；坐茶馆，与老安居人聊天，解读文化特质；做驴友，在黄家坝湿地露宿；访老渔翁，沿着涪江进行深入的探访；钻进古宅院，寻觅主人的前尘往事；泡在古庙，推敲琢磨残碑上的文字；钻进故纸堆，努力靠前、设法穷尽有关安居的文献资料。

为写安居王恕世家,我阅读了《楼山省身录》《楼山诗集》《铜梁山人诗集》《铜梁王翰林家谱》和光绪《铜梁县志》相关篇章,爬罗剔抉,刮垢磨光,不足九千字的文章,耗去了将近两个月的时间。写《黄埔军校在安居》,我找到了一九三八年中央陆军军官学校从南京西迁成都途中,在安居主持教学事务的总队长成刚的日记。获得第一手资料,不再有炒冷饭的担忧。随着了解的深入,我发现安居这座古城,不是缺乏历史底蕴与文化传承,而是缺乏挖掘、研究、提炼与升华,抑或说缺乏视野与情怀。

古建筑是安居的生命,是灵动的历史。旧屋老宅因地势而建,纵向为街、横向为巷,平地为民宅、山地为庙宇。依山而筑的宅院,结构上都以封闭院落为单位,沿中轴线布置,有院、有廊、有多重偏院,各院之间有巷相连。它们简直是明清山地建筑的范本,也是一群守望历史的老人,胸中藏着千年记忆。

安居令人仰慕。安居创造了铜梁历史无与伦比的辉煌。铜梁历史上第一位进士,二十四岁的青年才俊度正走出安居,为官、治学奇峰并峙,鱼与熊掌二者得兼,在他的影响下,铜梁历史上另一位青年阳枋也考中进士,成长为南宋著名理学家,与先贤比肩论道,传中国文化的香火于天下。安居的王恕家族一门六进士、祖孙四翰林、举人二十位、贡生四十二位,七品以上官员二十六位。其中,巡抚三名,辉煌五百年。显赫世家,铜梁绝无仅有。安居有两部书收入《四库全书》,有清朝著名书画家作品传世,有曾毓璜、吴鸿恩翰林世家,还有扎龙艺人、龙舞传人把民间杂耍舞进艺术殿堂,舞进国家庆典,使得铜梁龙成为重庆文化名片,影响遍及海内外华人圈。漫步幽深的街巷和古老的民居,心中涌起人杰地灵的感慨,眼前翻开了一部线装书,一部渝西江城文化的线装书,虽历经千年沧桑,仍具有古雅的风貌和迷人的魅力。

对选题质疑问难是品出新意的好方法。设疑,解疑,主动探究,敏于发现,就能激起思想的火花,拥有一种追索的情怀,从而拓宽写作空间，展示广阔的社会生活，文章内容丰富，让读者有所思，有所悟，并产生阅读的快感。明朝是铜梁历史上的一个高峰，出现了张佳胤、李养德、高启愚、胡尧臣、王恕等朝廷重臣，但是，除了王恕，似乎谁也没能挣脱富贵难三代的魔咒。人才辈出，一代更比一代强，是每个家族的宏愿。王恕家族"一门六进士、祖孙四翰林"，有跨越五百年的辉煌，是什么原因，对今人有哪些启示，其家风的传承、家学的渊源有什么奥秘？吴鸿恩奔父丧、回乡丁忧期间，在以孝治国的清朝，为什么还能执掌巴琼书院？这些疑问，对读者具有吸引力。一个作家必须有读者意识，思考读者关心什么，想读什么，才能品出古城的味道。

经过艰辛的努力，我对安居的历史文化、人物故事、风土人情做了系统的梳理，一书在手，安居的来龙去脉尽收眼底。

没有安居，铜梁的历史将会减少一半的光焰！

没有安居，铜梁文化将会失去富有个性、富有激情、富有力度的辉煌乐章！

没有安居，铜梁的天地也会感到寂寞！

四　王爷庙巧结善果　63

第三章 · 人物传奇

一　守师道如守孤城　67

二　古道清风胡尧臣　74

三　王家衙门的梦想和奇迹　78

四　中华名师吴鸿恩　94

五　邱少云和樊家小面　98

六　音乐大师刘雪庵　102

七　龙舞传人黄廷炎　117

八　一生难舍是龙缘　126

第四章 · 民俗风情

一　安居看龙　137

二　最是婚俗动衷肠　148

三　川剧故事《碧玉簪》　166

目录

《巴渝古镇》丛书序 1

分序 品读安居 6

第一章 · 古城寻幽

一 人物繁华好安居 3

二 寻幽访古老街行 11

三 回望古城 20

四 黄埔军校在安居 30

五 刘雪庵音乐艺术馆 35

六 黄家坝野趣 40

第二章 · 宫庙剪影

一 波仑寺探奇 49

二 城隍庙漫话 53

三 禹王宫重生记 59

四 寡妇脱白 172

五 涪江渔趣 176

六 方言趣话 182

第五章 · 美食流芳

一 翰林酥 193

二 覃烧白 196

三 哑巴锅盔 198

安居古城旅游导览图 199

题字：柏毅

第一章 古城寻幽
GUCHENG XUNYOU

安居古城距重庆主城六十多公里，坐落在铜梁区境内的琼江、涪江交汇的南岸山上。

这是一座千年古城，临江筑街，因水成市，旧屋老宅因地势而建，至今仍保存着宋代徽式建筑、明清山地建筑的历史风貌和古老的民俗风情。时光的影子投射在褐色的雕花窗棂，岁月的痕迹镌刻在青石板老街，穿越的感觉回荡在古寺的幽径，小桥、流水、宫、庙、台、阁油然而生诗意的美感。如果你的心尘封已久，如果你厌倦了都市的紧张和繁华，不妨来一次漂泊，古老的安居在岁月深处等你。

往事越千年。高宅大院里依稀传来达官显贵车马辗过的喧嚣，小巷深处不时响起居民捣衣的杵声，吊脚楼在岩边迎客，江流在脚下浩荡，古城以特有的恬静荡涤你心灵的疲惫和曾经的恐慌，给你一枕好梦和意外的惊喜。

一
人物繁华好安居

安居位于重庆市北部，渝遂高速公路穿境而过，距重庆主城六十多公里。

这是一座千年古城。

千年，是令人肃然起敬的字眼，意味着时光的悠久与厚重，意味着岁月的沧桑和不朽。

安居在春秋时期属于巴国垫江（今合川）属地，隋朝开皇八年（588年），安居境内设赤水县。1978年，波仑鼓楼山发现了东汉岩墓，出土了一批陶俑、陶猪、陶鸡。这表明在汉代时安居已有村落。唐开元二十三年（735年），巴川置县，安居属于巴川县。据《安居镇志》载，在隋唐时，安居已是涪江下游的繁华场镇。明成化十七年（1481年）至清康熙元年（1662年），安居复置县。明末清初，四川持续战乱，人口锐减，康熙元年（1662

古城鸟瞰

安居古城一角

年），安居撤县，并入合州。雍正六年（1728年），安居分官而治，设巡检、把总各一人，助县署主持地方公务。康熙六十年以其地分属铜梁。道光十三年（1833年），撤安居巡检。乾隆四十一年（1776年）改安居为乡。

安居"依山为城，控龙门，赴铁马，仰接遂普，俯瞰巴渝，涪江由松潘卫小分水岭发源历千里而入境，与笕溪、琼江、乌木溪水会于城下，绕城三匝，陷为深潭"①。这座山水之城具有典型的巴渝地域特征，至今仍保留着明清山地建筑的历史风貌，老街跌宕起伏，蜿蜒曲折，民居依崖吊脚，借天造屋，宫庙飞檐翘角，古香古色，传承了悠久的文化底蕴。

安居，顾名思义，就是宁静地居住，安稳地生活，岁月静好，令人心动。

安居风景秀丽，物产丰富，江河纵横，利于繁衍生息，商贸往来。

城隍庙玉皇阁是瞭望古城全景的最佳视觉，登临极目，安居白雾茫茫，如一幅巨型水墨画展开在天地之间。涪江、琼江从远方奔来，在迎龙门欢腾拥抱，汇成一江碧水蜿蜒向东注入合川境内的嘉陵江，滚滚浪涛给古城带来灵秀之气。鸥鸟翩飞，江岸湿

---

①转引自《铜梁县志》(形胜)第一卷32页。

药王庙街民居簇群

润而芬芳，烟雨蒙蒙，九宫十八庙香烟弥漫，钟声袅袅，诵经之声远近相接。每当夜幕降临，港湾里渔火点点，如数不清的流萤，在晚风里飞翔。岸上的灯光映在江中，波光潋滟，梦幻而古老。安居依山傍水，风光绮丽，有"化龙钟秀""飞凤毓灵""波仑捧月""石马呈祥""琼花献瑞""紫极烟霞""关溅流杯""圣水晚眺"八景。这当中最具江城特色的是"琼花献瑞"。每至夏季，涪江水涨，浑黄的洪涛奔腾而至，与琼江千顷绿波交流激荡，形成广阔的江面。涪江水大流急，从江底贯入琼江江心，层层涌出，清浊分明，似琼花绽放，姿态万千，有诗赞曰：五月江城珠错落，半篙春水玉玲珑[①]。

安居属于深丘、浅丘和平坝交替的地貌，土壤肥沃，是名闻远近的鱼米之乡。粮食作物旱涝保收，颗粒饱满，成色纯净。甘蔗糖分重，花生产量高。高坡连绵，野草丰美，江风浩荡之处，时常响起牛羊撒欢的啼鸣。因为散养，这里的山羊肉质紧细，烹炒鲜嫩，油炸绵酥，粉蒸清香爽口，清炖回味悠长。

朝霞满天，江面波光粼粼，渔船收网了，金甲银鳞欢快蹦

---

①前人咏"琼花献瑞"诗
本来瞥眼便成空，何事琼花竟不同。
五月江城珠错落，半篙春水玉玲珑。
沐心浴日浮轻白，遥岛含霞衬远红。
昨日波罗川上望，斜阳一片接芳丛。

跳，渔民带着青鱼、岩鲤、鳊鱼、江团、黄辣丁满载而归。

一到深冬，安居江面就展开一幅壮丽画卷：帆篷升起，号子响起，船工身子前倾，船桨击水，船头剪开一江绿绸，身子往后一仰，桨声欸乃，船尾泛起满河梨花。一船船莲花白、白萝卜、红萝卜东下嘉陵，驶往重庆，满足山城市民的口腹之欲。安居的莲花白比别处大，平坦椭圆像一个大面盆，最重的能达四公斤以上。莲花白有多种吃法：醋溜，辣椒、花椒炝炒，加上蒜泥，几滴香油，麻辣鲜香；也可凉拌，抹盐，挤出渍水，在滚水里过一下，加糖，淋上香油和醋，清香甜脆。莲花白又叫包心菜，一层又一层，裹得紧致密实，是爱情的象征。每逢有新人走进婚姻的殿堂，好心人就会祝福他们像莲花白越裹越紧。安居最出名的酒罐萝卜，细颈鲜红，肚子雪白而滚圆，炖汤入口化渣，腌泡香脆，一入口就食欲大开。每到年关，家家户户柴火熊熊，鼎锅里热气滚滚，鲜红的腊猪蹄和白嫩的酒罐萝卜在汤锅里颠鸾倒凤，飘出一屋醉人的年味。

安居养蚕，远溯汉代，是闻名川渝的蚕桑基地。《华阳国志》有这样的记载：垫江（今合川）以西，土地平旷，种有桑麻，丹漆。这里的蚕产卵率、出蚕率都比其他地区高，蚕丝洁白纤细，织成绸缎轻盈飘逸，远销海内外。安居丘峦起伏，江河蜿蜒，青

引凤门

妈祖庙一角

松翠柏漫山遍野，杨柳婀娜，修竹亭亭，黄砂淤积江岸，鹅卵石横陈河滩。安居的古城墙、宫庙、街道，以及大户人家的砖木瓦屋，普通民居的穿榫夹壁房，无一不是就地取材，物尽其用。物产丰富，市场兴隆，安居旧时有粮、油、盐、糖、酒、布、丝绸、药材、饮食、旅栈、铁匠铺、油榨房两百余家。

安居水运繁忙，帆樯蚁集。百舸争流，迤逦相望。水路通过涪江，上溯四川重镇遂宁、绵阳、江油，顺流直下，汇入嘉陵江，通往合川、重庆，出三峡，直下武汉、南京。明初时，安居就是物资集散地。川西的药材、川北的谷米、川中的盐糖、荣昌的麻布、大足的小五金、铜梁的土纸都在这里转运。由于域位特殊，安居比三江汇流处的合川还要繁华。江岸号子震天，码头人来人往。船工的身子捂热了江边的石头，力夫的脚步惊醒了子夜的鸡鸣。湖南、湖北、广东、广西、福建、江西的客商相继在安居修建会馆，打点生意，交友联谊。"昼有千人拱手，夜有万盏明灯"就是当年繁华的写照。从安居后河沟走出的湖广巡抚王俭感叹道："非土著者，十逮二三。"人流熙来攘往，南腔北调，各种文化激荡交融，相互辉映，缤纷多彩地造就了安居。安居人见多识广，便有了雄视川渝、放眼天下的胸襟气象。

安居古城高踞江岸，城、江落差大，从江边进入城中，必须

第一章 古城寻幽　7

雕章艺人

经过崎岖的步道和陡峭的阶梯，琼江和涪江形成天然屏障，拱卫着古城的安全。民居簇拥，高低错落，安全无忧。据史料记载，近百年来，安居发过四次特大洪水，主要街道安然无恙。

安居有山水之灵气，更有重教育、尚文化的传统。

在北宋，铜梁出了大学问家苏汝厉，有德有才，拒官不做，隐居民间，兴办实业，创建龙门书院，给安居带来文明的曙色。龙门书院藏书万卷，名重一时，就连大书法家米芾也慕名而来，留下墨宝。有这样的基础，才有后来从乐和乡下考中进士的度正，官至礼部侍郎。度正心系乡梓，创办乐和乡学，培养青年才俊。当时，战乱不断，饥荒连年，地震、洪涝肆虐，饥民尸横遍野，盗贼蜂起，教育依旧没有荒废。自明朝以降，安居盖大成殿、戟门、棂星门，建明伦堂。士绅捐金，民众投劳，选贤能传道授业，于是，棠文书院、琼江书院、崇德乡学、玉堂书院、青藜书院等相继诞生。"书楼遥望遍桑麻，比户相邻耕读家"是当时的写照。学子蜂拥而来，弦歌不绝，人文蔚起。一代代青年才俊走出古城，脚步咚咚，袅袅前行，渐行渐远。从宋朝到清朝，安居出进士23人[①]，举人78人，贡生67人，拔贡、岁贡117人。其中，安居王胜宗一门，最为显赫，祖孙父子联袂翰苑，治

---

①郭朗溪编《新修铜梁县志》（民国志）。

琼江书院记

琼江书院创自乾隆二十六年有城内乙龙山前邑侯蔡山函公所倡建迄道光乙酉
廖乡谢江书院割資於万数朗地設於临□□□□息少時肄業其中
□人州上舍□□□□□□邑有□□□□□□□□史聘掌巴川琼江两書
□□□□□□□□□□□□□□□近承齋剝史聘掌巴川琼江两書
院代為者□□□□□□□□□□□附近承街有東倉公地較寬廣可
□辺島散合詞請於制府准之於是集□□君□□□□□□□三元等董其事
□三年韙堂齋舎亭池落成□□□□□□□君永爵柏君□珊江右師公後紡先俊権吾邑
合與有咸辛巳藉余與□□□□□□□二珊江右師公後紡先俊権吾邑
和興宮奎星閣業蔡家陳有籌助鶉□司馬周師中正慈力捐買後山名曰琼嶽建
嶴瞻心目怡然開朗落成之日念□得如此佳山水予稱地靈矣余以為自古迄今勝概之卓
卓可偶者在地靈龙麃人傑自文翁化蜀江淡炳蔚射洪之金華山有伯玉先生讀書臺尤愈
阔嘉定之凌雲山有泉破先虫蠧畫樓而蓝影乞邑有明中惟張岷峡宮保為第一人物至
閩制王樓山中丞父子文章經濟輝耿一時近年以來未免難望吾鄉諸後建力追
光正勉為一郷之善士庶人下之善士庶不負各邑侯培植苦心蓋徒蔚起
訢名主□□□□□邑咸若之籟望田尧膏火偉士風蒸蒸日上則龙永賴賢侯暨明師之嘉惠
焉又比□□□諭乔萼橘祝香邑是舉也諸紳士苔樂善不倦計費金錢四千餘緡其捐資姓氏另
□□□□□□□□二百光緒卯廣西平樂府知府蓉株翰林編修掌雲南道監察御史邑人呉鴻恩譔

民封疆，"一门六进士，两朝四翰林"的佳话流传至今。

优秀人才光耀千年，是古城最为持久、最有影响力的名片。

到了近代，安居也是名士云集。黄埔军校因抗战西迁成都，在安居短训指挥员，紧急送往前线，挽救民族的危亡。著名音乐家刘雪庵为军校学员教唱抗日歌曲，鼓舞抗战到底的意志。安居还走出了中国民间工艺大师傅全泰，他制作的龙灯在国家庆典上欢腾起舞，为全国人民送去吉祥与欢乐。

名流俊彦从安居走出去，天下游客潮水般涌进来。行走安居，游人屏住呼吸，停下脚步，一脸惊喜。这是因为，在而今，古建筑的拆除重建，见惯不惊，老街已是克隆，古城难见真身，栏杆拍遍，手掌沾满岁月的灰尘，游客却不知道看什么。在安居，原汁原味的旧屋古街扑面而来，恍若时光倒流，过去的生产情景和生活方式浮现在眼前，心中涌起复杂的感情，五味俱全，如痴如醉。

这就是乡愁，是触动心灵、充满归宿感的温情，这份情不需要想起，永远不会忘记。

二
寻幽访古老街行

安居的街道依山势，就水形，状若盘蛇，蜿蜒游走。老街古色古香原汁原味，一条背靠涪江，由太平街、西街、十字街组成；一条沿着化龙山山腰而下，由会龙街、火神庙街和大南街组成。两条街在顺城街交会，呈丁字形，错落有致，透视感极强，屋顶、山墙、屋脊珠联璧合，勾勒出起伏跌宕的天际线。

街道两侧多为一层的建筑，一门两窗对称布置，临江的吊脚楼充分利用地势，层层出挑。木雕精工彩绘，虽颜色剥落，仍可想象当年丰采。巷内民居四合院，天井居中采光排水，居住四户人家，传递出世俗生活的历史气息。木门年久失修，虫眼密布，

西街秋色

古城瑞雪

掉漆严重，门上的乳钉吊环锈迹斑斑，建筑的外墙爬满苔藓和藤蔓植物，黑漆的双扇木门，左右门神依稀可辨，默默地传达出古宅的特殊韵味。木门拉手为虎首衔环，美化装饰，驱鬼辟邪，述说着古人的居家理念。

木壁一人高处，有规则地雕凤刻龙，窗棂则清一色镂花描图。承负屋檩的梁托像一尊铸着花卉的铁壶，互相垂直的枋、柱间缀饰着镂空的雀替。檐瓦绘云纹、波纹，其余建筑物装饰斜撑、替木、瓜柱、叉手镌刻着仙界人物、飞禽走兽的精致木雕。这些木雕实用价值与美学价值珠联璧合，把古建筑的质朴与精巧表现得淋漓尽致。这样典型的四合院有李家祠堂、王恕天官邸、吴鸿恩翰林院和朱大夫第，

门神

12　巴渝古镇·安居

它们简直是明清山地建筑的范本。依山而筑的房屋，结构上都以封闭院落为单位，沿中轴线布置，几重进深，主次分明，有院、有廊、有多重偏院，各院之间有巷相连。这些院落虽年久失修，破破烂烂，青苔漫上阶沿，绿了板壁门柱，却丝毫不影响它的独特和典雅。细看李家祠堂，楼上为家眷卧室、绣楼，楼下有堂屋、书房、正房、客房和门房，还有家庭式袖珍戏楼。这样的建筑是一部生动、具体、记载翔实的史书，反映出封建社会士大夫家庭的生活信息，尊祖敬老，长幼有序，男女有别，尊卑有规，真是集宗教、伦理、民俗与迷信之大成。

朱大夫第、王恕的天官邸、吴鸿恩翰林院、曾氏宗祠在当时是最时尚的川东豪宅，而今人去屋空。游客来往，遥想繁华当年，居民遛狗、买菜、健身路过此地，当作日常生活的一部分，没人在意古屋的价值。陈旧破烂，却是千金难买。这里的古迹是真品，是伸手可触的残旧的宝物，给旧建筑刷上新漆容易，推掉重盖也不差钱。斑驳就是历史，崭新却是作伪，没有灰飞烟灭的历史永远价值连城，因为，岁月的风尘已经打好草稿，甚至涂上

寿匾

安居县衙的驼峰

大夫第斜撑

了底色。政府修旧如旧,蒙尘丽人之美一旦释放出来,自然是百媚千娇,一笑倾城。

在这样的深宅大院里,有多少尘埋土掩的往古传说?传统川剧《碧玉簪》的爱情故事就发生在安居的老宅中,李尚书的女儿月英与翰林院的公子玉林的悲欢离合在安居家喻户晓,那古典的爱情打动了古城人的辈辈代代。

街、店、宅、宫庙、桥梁疏密有致,映衬生辉,既充分利用

火神庙街房

了水路交通,又考虑了岸上低山、浅丘的自然特点,构成了一座立体化的古城。越往里走,越能感受到古城的古朴与厚重。长长的古街之中,民居与商铺为邻、酒楼与茶肆交错、祠堂与庙宇相连、会馆与学堂互望……让人仿佛穿越了斑驳的历史岁月,看到了昔日盛景。

　　老街铺满青石板,晴天不飞尘土,雨天不沾泥泞,平平整整,大大小小,规格不一的长方形,有的已经破损,有了较深的踏痕,也有的成色不一,显然是新近镶嵌补砌。由于年代久远,街面的石头都被磨得油光水滑。每一块石板都落满来自不同时代的足迹。街边的房子散发着古老的气息,房檐和门面衬托着精美的雕刻或绘画,古城的内涵变得丰满而富有。青石板纵横于街巷,叠成石阶进入民宅。大大小小的木门,单扇的,双扇的,敞开的,半掩的,默默地厮守在老街深巷。老奶奶坐在门口,纳鞋底,千针万线,纳出慈爱的深情。饭菜的香味从门里飘出,街坊邻居的日常清爽而欢欣。小孩儿蹦跳着,在街面上滚铁环,抽陀螺,过着无忧无虑的童年时光。木板鞋叩响青石板街,叩出酷暑

第一章　古城寻幽　15

老街

的清凉和日子的悠闲。绣花鞋纤纤走来，步步生莲，优雅而从容。高跟鞋如雨打芭蕉，尽显心情的急迫。赤脚行走青石板街，踏实平稳，没有磕伤脚掌的担心，却有一缕清凉钻进肺腑的舒畅。

　　行走在欧洲的街道，让人感到繁华和浪漫：各种风格的马赛克地砖，有规整与不规整的图案，有对称与不对称的样式，有黑白有五彩，有随意的菱形、长方形。弧形的小方砖如鱼鳞，似龟甲，形状多样，色彩斑斓，和两旁的哥特式建筑，琳琅满目的漂亮橱窗珠联璧合，显得繁华而浪漫。

　　青石板古朴而简单，都市的日子都是繁忙，到了安居，时间慢下来，因为，这里是安静的，最适合放松心情。石板街向前延伸，石沟里的水也随之蜿蜒，水随路转，街面溪旋，叮咚的水声和铿锵的脚步声此呼彼应，既可以见到斑驳陈旧的岁月流逝，也可以邂逅古城的朴实无华、平淡无奇的个性。都市的摩天大楼高耸入云，水泥路、柏油路上车水马龙，市声喧嚣，夜晚霓虹闪闪，风情万种。青石板街毫不起眼，给人寂寥、纯洁和沉静之感。街两边多是杂货店，超市里看不见的油纸伞、千层底鞋、绣花鞋、竹编箕货、爆米花、老咸菜、磨豆腐、打糍粑等应有尽有，从店铺摆到阶沿，旧时的生活情景扑面而来。晨昏行走，青

农具

三宫雨夜

李家祠堂簇群

　　石板街有脚步的回声，午后则可以看见阳光下晃荡的身影，晃得很长很长。青石板老街的夜，才是真正的夜，寂静的老屋枕着淙淙的水声，星月的光辉洒落下来，笼罩着宁静的梦。

　　安居古城的陈旧斑驳，正是拍年代戏的好去处，用镜头再现明朝、清朝和民国的生活，导演们青睐这里。古城仍保存着古老的传统习俗和民间风情。川剧坐唱、龙舟竞渡，龙灯藻扎与玩舞，群众都喜闻乐见。影视剧《凌汤圆》《铜梁龙舞》《寻找库里申科》先后到安居取景。安居积淀深厚的文化遗存，别有情调的小镇布局，旧楼旧墙的装饰艺术以及风光绮丽的山水美景和丰富的人文资源，如一卷古朴隽永的明清小品，要细细地读，慢慢地品，才能体会出其中滋味。

三
回望古城

回望古城,一眼千年。

记忆的画卷徐徐展开,逝去的岁月抖落满身尘埃,鲜明而又清晰地呈现在眼前。

朝阳光芒万丈,天边云蒸霞蔚,雾霭从江面袅袅升起,缠绕在两岸青山,江水波光粼粼,缓缓向东流去。一支船队出现在云水之间,白帆镀着金光。江风鼓荡,惊涛翻涌而起,冲刷江岸呼啦啦奔驰起来,鸥鸟掠过江面凌波飞舞。

我看见了北门码头的河街。那是因水而兴的简易闹市:江水上涨,商户卷起篷席,拔出木桩,撤去高处;洪水一退,就又立

码头

柱搭篷，从头再来。靠水吃水，河街所有的生意都仰仗脚下这条江。铁匠铺炉火熊熊，大锤小锤叮叮咚咚，此起彼伏，船钉、抓钉、桨箍落满炉前。竹编店呼呼声响，篾条上下翻飞，闪着青幽幽的绿光。妇女们织船篷，编纤藤，一片忙碌。船队一个接一个出现，逶迤连绵，百舸争流。开馆子的老板笑出了声：上千的食客就要上岸，银子哗哗地响呢。于是，猪们声嘶力竭，拼命嚎叫，杀猪匠瞪着眼，白刀子进红刀子出。店小二使劲拉风箱，火焰舔着锅底，映红了稚嫩的脸膛。厨师挽起袖子，淘米做菜，跳起锅边舞。小贩们乐不可支，赶紧亮出看家宝贝：炒米糖飘出诱人的甜香，冲冲糕冲出一股股热浪，油豌豆吱吱响着新鲜出炉，锅盔店击打擀面棒，清脆悦耳，冷酒馆摆出卤鸭、卤兔、猪头、猪蹄，油光闪闪，色香横溢。

石岸边蹲着一排捣衣女，一手牵起衣物，一手抡起木杵，敲打，敲打，把白衣敲得更白，黑衣捶得更黑。几位女人站起身来，手搭凉棚遥望船队。过尽千帆皆不是，阳光灿灿水悠悠。女人们目光暗淡，默默地蹲了下去，再挥木杵，有气无力；也有姑娘掩饰不住内心的欢乐，弯下腰，撩起衣服，在水里漂了几下，一弯腰，使劲拧干。

捣衣妇

大夫第民居簇群

　　船未靠岸，浓浓的香味已经扑进船舱。性急的橹手一步跨上码头，跑向河街。

　　回望安居，记忆最深的是人在古城和谐栖居。

　　江城景色宜人。春夏水涨，江面气势雄浑，黄流奔涌；秋冬水瘦，江流清澈碧绿，缓缓流淌。在一天之内，江景也变幻多彩，白日舟船来往，鸥鸟翩飞，夜来渔火点点，蛙鼓相鸣。无论哪个季节，安居都令人心旷神怡。

　　安居处在湿热带地区，夏季风少、闷热，街道的布局充满人性关爱。十字街、西街的巷道垂直于江岸，迎龙门、引凤门直通江边，形成风的走廊，调节着古城的气温。

　　那年月没有空调，酷暑真是暴虐无道。屋子里热浪蒸腾，闷热难耐，强忍着睡去，不是被蚊子咬醒，就是热醒。凉席捂得发烫，又被汗水湿透，移动身子，汗腻黏住席子嗞嗞地响，汗馊味儿浓烈刺鼻，要多烦有多烦！

于是，户外乘凉是暑夜的首选。

那时没有微信，却有朋友圈，家家户户都晒出各自的夜生活。

太阳落下了西山，知了依旧没心没肺、幸灾乐祸般高歌。蚊子一飞出阴湿的角落，便纠集起来，嘤嘤嗡嗡的，发表攻击人类的战前演说。暮云四合，各家的主妇们提着一桶凉水，走向门前。凉水噗噗，泼出深情，给街面退烧，哗哗的水声中，地气火辣辣地升腾、飘散……

乘凉的家具晒出来了：小户人家端出靠椅、长凳、竹躺椅，人多的家庭摆出宽大的凉床，更多的端下门板，平放在家门前的街面上。刚从房中搬出，家具自然烫人。主妇们用凉水降温，冲去汗腻。

虽是公众行走的街道，到了酷暑之夜，各家门前却是各自的地盘，路人经过，会自觉行走街心。夜幕降临，晚饭开始。凉面、稀饭是应时之作，普及寻常百姓家。有钱的家庭就讲究多了，男人喝小酒，有花生米、咸鸭蛋，甚至还有香喷喷的卤肉。街口连接街尾，街这面邀约街那面，长桌宴铺开，筷子起落，瓢盆叮当。这时，街坊邻居常有互动。女人会把桌上好吃的，夹给邻居的小孩；男人之间，有酒互相请喝，甚至坐到一桌，亲密对酌，不坐过去也无妨，端上酒杯，请邻居喝一口，还给他拈上下酒菜，请吃的态度诚恳，被请的盛情难却。要是有高寿老者坐在门口，邻居就把最好的菜肴端去，敬请寿星品尝。香味儿在路灯光里飘荡，友好的气氛弥漫一条街。

饭后，主妇们总会点燃艾蒿，熏赶蚊虫。读过书的老人摇着扇子，开始讲古，讲姜子牙八十遇文王，讲桃园三结义，讲梁山泊英雄排座次。这里围着一堆人，那里环成一个圈。听得兴起，讲者却停了下来，吊大家的胃口。性急的青年急忙献殷勤，端水递茶，摇扇送凉。一直到夜深，哈欠不断，眼皮打架，人们才意犹未尽，各自安睡。

路灯没精打采，睡眼迷蒙，昏黄的光晕里蚊虫飘飞，蚱蜢乱

做鞋的老妪

窜。屋檐下人体横陈,长长短短、密密麻麻铺满街头。这家响起鼾声,那家热烈呼应,有的悠悠扬扬,有的轰轰隆隆,时急时缓,时高时低,远近相接。半夜,凉风起于远山,掠过江面,推波助澜,呼啦啦扑上江岸,穿过风廊,吹拂街面,吹来沁人心脾的凉,如沐仙风,暑气全消。

真正的夜不闭户。

街道托起漫长的溽暑,枕着清凉的梦境。

飞檐

　　安居"围城三面水"，建房用地少。于是，一座座吊脚楼雄踞于三十多米高的石壁上，前临青石板街，后瞰涪江碧水，形成奇险峥嵘之势。

　　吊脚楼背靠高崖，一进两间，前房借助山地，用木梁将后房托起，后间凿崖为基，凌虚构建，在陡坡峭壁上借天造屋，俯瞰江水，三面高悬，一根根长长的木柱凌空斜撑在江岸石坝上，将楼房擎起，远远望去，有的高低错落，在绿荫丛中依山傍水，有的层层出挑，在悬崖绝壁上飞檐斗拱。从楼下经过，见那细脚伶仃纤弱欲坠，不由得心惊胆战。

　　吊脚楼是不会坍塌的，它雄踞山崖，稳如泰山。江水暴涨，巨浪冲刷，山岩岿然不动，吊脚楼安然无恙。自安居建场以来，仅有一夜，一座楼滑下山岩，跌落江边。房主家人腾云驾雾，惊醒过来，猛觉身下床榻倾覆，耳边江涛澎湃，翻身爬起，这才知道坐了土飞机。惊魂初定，这家人重头收拾好山河，再造新楼，

第一章　古城寻幽　25

轶闻传说至今。

　　国画大师吴冠中赞美龚滩"是唐城，是宋城，是爷爷奶奶的家"。可而今，乌江下游兴建水电站，龚滩古城整体搬迁，虽有旧貌，却是赝品，漫步其间，不知今夕何夕，栏杆拍遍，说不出的惆怅。湖南凤凰的吊脚楼原汁原味，却是一个平面，楼脚太短，平淡无奇。安居的吊脚楼是一幅立体画卷，因为山岩太高，房主在楼角挖洞，顺着崖壁凿出曲折的石径，在楼下再造平台，安上护栏，摆上桌椅，对弈品茗，听涛赏景。更有好事者利用脚柱和崖壁，筑一小屋，形成绝壁有台，楼下有楼的奇观。月光洒漫西江，寺庙钟声飘荡，客船到了，船工高喊一腔，报上喜欢的酒菜，楼上俯身作答，嗓音清脆。楼中吹响洞箫，江上应声哼

八仙桌腿

唱，迷人的小夜曲在江城荡漾开来……

民居依山而建，高低错落，一般为两层，底层前店后厨，经商迎客，楼上居住，私密通透。门窗的装饰、栏杆的雕刻、廊檐的撑弓、桌凳、床榻的图案，都精心巧绘，寄托着美好的生活愿望和高雅的意趣追求。

把目光投向古宅院，我又看见了秦叔宝、尉迟恭的雄姿，将军立于门首，邪恶逃遁。隔窗上灯笼锦雕着琴、棋、书、画、蝙蝠、花生、葡萄，居家求的是平安喜庆，多子多福多才多艺。方形窗户装饰寒冰的裂纹，看似简单朴素，却也寄寓了否极泰来的

八仙桌

石栏雕刻

第一章 古城寻幽 27

八仙桌雕花

　　深意。石栏上雕仙界人物镇妖驱邪，刻张生、莺莺追求美好姻缘，撑弓饰上蛟龙图，吉祥物进入寻常百姓家。如是回廊，就能会看见连环画，八仙过海、衣锦还乡、吉祥禽兽、花鸟虫鱼线条流畅，多姿多彩。

　　走进古宅院的正堂屋，迎面总有一张古匾。那些墨宝是感动安居的故事，一种庄重而深情的表达，虽是陈迹，却依旧充满生命活力。吴鸿恩中进士，入翰林，任广西平乐知府，却因父亲亡故，丁忧回乡，执掌巴琼书院，慕名求学者纷至沓来。三载寒暑，学子沾恩，无以回报，就赠送"德惠龙门"匾，表达心中的敬意。"民怀其惠"是民送官的"德政匾"。县令主导了民心工程：捐置义田，赡养贫困乡亲，拓展书院财源，所以，百姓送匾隆重表彰。此匾制作极为讲究，以牡丹、黄莺、云彩作装饰，寓意春风化雨，滋润万物。"庆洽萱闱"是寿匾。刘母孝老抚孤，用柔弱的双肩苦撑家庭。七十寿至，族亲集体祝贺，除了俊美的书法，还精心制作了图案：刻菩提树，彰扬养育孤儿之德；刻海水，喻福如东海；刻麒麟、青松，喻吉祥长寿；为突出主题，又刻上连环画，一为母子重逢，二为入室拜寿，三为秉烛夜话。人物活动的环境也逼真传神，雕花门窗、青瓦木柱、回廊小桥无不

南华宫斜撑

精雕细刻，把寿匾点染得庄重典雅。"莺啼杏林"感恩名医。陈德凡治耳心炎症，药到病除，名震遐迩。匾额文字很有讲究，既夸医生名头响，也写患者听觉如初，心里惊喜。这样的医生无异于扁鹊在世，受之无愧。匾额悬于宅门端庄文雅，挂在厅堂陋室生辉，装点名胜古意盎然，描绘风景江山增色，虽寥寥数语，却蔚为大观，令人肃然起敬。文字古朴典雅，连当今中文系的科班生也无法全部理解。仔细琢磨，不难发现古城逝去的岁月，并不是和贫困、饥饿、黑暗连在一起，那时的古城并非万恶！在安居才子的笔下，古城充满温情祥和、富有诗意。凝目古匾，仿佛是和来自另一个世纪的心灵对话，感受到了曾经的翰墨飘香的诗风雅韵以及深藏于此后的民间教化、道德修为、古城文明和乡村秩序。

　　回望古城，涪水西边旧时月，依旧清辉皎洁光彩照人。

四
黄埔军校在安居

文庙是安居的学宫，明成化十六年建，背靠化龙青山，遥看琼涪碧水，显得风韵清雅，气势雄伟。

从会龙桥拾级而上，经过吴翰林院，危岩高耸，步履所触，回音相随，如是在清晨和深夜，万籁俱寂之时，可以听出每一石级之音的变化，从下往上，由低沉浑厚逐渐变得铿锵高昂，婉转悠扬，悦耳动心。

进入棂星门，宫墙、泮池、泮桥、大成门依序排列，钟楼、鼓楼环伺左右。建筑以大成殿为中心，对称分布，坚实而精致。登临文庙，雄风入怀，视野空阔无边，安居古城、远山近水尽收眼底。文庙选址于此，一定是考虑到这是庙校合一的精神家园，有化民育才的作用。琼江书院、崇德书院比肩而立，乐舞典雅，弦诵之声远近相接。安居不仅物产富庶，还有诗与远方。一代代学子怀揣梦想，在这里眺望神州，然后买舟东下，过夔门，出三峡，乘长风破万里浪。

如果没有特别的变故，文庙的气氛一直都是古朴娴静，温文尔雅，可是，到了1938年6月2日，代之而来的是沙场点兵的杀伐之气。国民党中央陆军军官学校第十四期从武昌抵达安居，在此驻训，马蹄声碎，战旗飘飘。

当时，抗日的烽火已经燃烧到大半个中国，东北沦陷，华北失守，上海沦为孤岛，南京惨遭屠城，武汉战事激烈。侵华日军

黄埔军校安居旧址

沿长江追杀而上，兵锋直指战时首都重庆，妄图速战速决，结束中国战事。

早在抗战开始的时候，国民政府做出"以空间换时间，积小胜为大胜"的战略决策，并迁都重庆。许多政府机关、工厂、学校、物资和人员纷纷西迁四川、云南、贵州，保存中华民族的命脉。

一九三七年十月，国民党中央陆军军官学校第十三期学员在南京入伍，十一月一日，在庐山举行开学典礼，到一九三八年一月三日，校本部西迁成都。在此之前的一九三七年八月中旬，军校教育长陈继承奉命主持校本部西迁事宜，本部师生从南京出发，经过九江、武汉、长沙、常德，沿川湘公路徒步行军，转进四川铜梁，一路风雨兼程，艰苦跋涉四千多公里，演习、宿营、警戒、搜索，教学与实践结合，争分夺秒，为抗日前线培养指挥员。学生饱尝餐风宿露、日晒雨淋的艰辛，途中死伤达六十多人。

军校在铜梁驻训，分别驻扎在铜梁中学、虎峰场、计都寺和安居文庙，总队部在凤山公园武庙办公，眷属亦安置在那清幽的环境中。在校学生编为第十三期一总队、十四期第一、第二总队和十五期第一总队。后来，青年军和空军一部入住旧市坝，铜梁的交通、通讯和给养发生极大困难，于是，国民党中央陆军军官学校本部于一九三九年元月迁驻成都，留在铜梁分校的部队为新招学生组建的第十六期二总队和归校督训的两个步兵团。总队部设在武庙，岳飞精忠报国、关羽的赤胆神勇是军人楷模，起着潜移默化的作用。二月份学生陆续到齐，正式开课，本期学生绝大部分是铜梁的热血青年。开学第一课，教官以带血的声音，发出生命的呐喊，给学员极大的震撼：

抗日杀敌去，舍下爹和妈！
牺牲我性命，拯救大中华！

怀着杀敌的决心和报国的信念，铜梁青年开始了悲壮的人生。

虽说安居是抗战大后方的江边古城，却依旧弥漫着民族危亡的紧张气氛：每天听到的都是坏消息，重庆又挨炸了，烧毁了多少建筑，炸死多少人。随着流亡同胞的涌来，又一座城被敌人占领，又一支军队打光的噩耗也在传播。在寒风凛冽的街头，时常

黄埔军校安居旧址

黄埔军校安居旧址

可见倒地不起的难民。难童衣不蔽体，白天四处乞讨，寻食充饥，夜晚露宿街头，孤独可怜。而这时，日本人嗅到了黄埔军校的行踪，贴着膏药旗的侦察机，在文庙上空盘旋侦察。安居头上悬着一把随时都可能劈下来的锋利的战刀。真是危如累卵，哪里还有前方后方？抗战还能不能打下去？学员们心里压着一块沉重的石头。他们把这种心情寄在笔端，刻写在铜梁城北罗睺寺捧云石上。而今，八十多年过去了，字迹漫漶，辨认困难，但是，经过细致搜寻，依然可以看到，碑文隐隐透出对时局的沉痛，但更多的是捐躯报国的决心。

在民族危亡的关头，安居这座约一万人的古城承受了不能承受之重。

当时，安居因有水路直通长江，又处在成渝国道节点上，难民不断涌来，街头、民居门口，疾病死亡时有发生。

同胞的苦难牵动着善良的心。军校开展救助，创办中正孤儿教养院，收容难童一百二十多名，开设理发、园艺等学科，教给他们独立谋生的本领。安居商会、行帮捐款捐物，赞襄此举。军队眷属洗衣缝补，用温情的手指抚平孩子们心中的伤痛，用抗日歌曲鼓舞生活的信心。难童有了自己的家，精神面貌为之一变。

两年后，二百余人学生毕业，且能独立生活，教养院规模扩大，划给中华救济总署继续办学。

战事吃紧，黄埔军校格外紧张，学员紧急征召，速成毕业，源源不断地输送新鲜血液，补充前线兵力。

军校总部定在成都北较场，铜梁作为分校[①]，继续承担培训重任：一九三八年九月十六日，第十三期第一总队一千四百一十二名学生毕业于铜梁；由于战事紧迫，一九三七年十月月在南京入伍的第十四期一总队六百六十九名学员，于一九三八年十一月底在铜梁县安居毕业；一九三九年一月初，第十六期新生开学，受训于铜梁，分第一、第二、第三大队，主要培训炮兵；九月中旬第十四期二总队在铜梁举行毕业典礼，计有一千五百一十人毕业；十月中旬，受训于铜梁老校区的第十六期二总队学生毕业，计有一千六百二十九；一九四零年五月六日，十七期二总队一千三百七十四人在铜梁，同年十一月毕业。

此后，黄埔军校结束了在铜梁的办学史，十四期、十六期的总队长成钢奉调为中国远征军第十一集团军参谋长，他的搭档副总队长吕旃蒙在安居期间，和安居小学教师周成益喜结连理，后升任第十六集团军三十一军少将参谋长，肩负坚守桂林重任，桂林城破，壮丽殉国。在铜梁入伍，短训后的六千五百九十四名学员，大多战死在对日作战的第一线。

凯旋日不见英雄回，祝捷时可有英雄泪？我们不知道他们葬身何处，伴随英灵的，只有巍峨的青山、荒芜的河谷和不灭的记忆。

铜梁老城区小街（今明月广场北侧入口处），曾建有一座忠烈祠，供奉了自建城以来，有史料记载的历代英烈的灵位。那时，在每年清明节，香烟袅袅，县里主官率城中百姓，以三牲之奠，告慰九天之灵。

[①]引自《黄浦军校史料汇编》2014年增刊。

五
刘雪庵音乐艺术馆

刘雪庵音乐艺术馆坐落在安居西街十八号，一座一楼一底的砖混建筑，是国内唯一集中展示刘雪庵音乐成就的纪念馆。

刘雪庵于1905年11月5日出生于铜梁东门盐店，1931年，考进上海音乐专科学校，师承黄自学作曲。他是西洋音乐民族化的重要先行者，创作了中国第一首钢琴组曲《中国组曲》，第一首钢琴奏鸣曲《C大调小奏鸣曲》，第一首钢琴独奏曲《飞燕》。他是抗战鼓手，他的《长城谣》《流亡三部曲》传遍抗日的前方和后方，推动了中华民族抗日救亡运动。他的艺术歌曲《红豆词》《踏雪寻梅》《飘零的落花》和《思故乡》等130多首电影插

曲，至今传诵不衰。其《长城谣》《何日君再来》已经成为经典名曲，流传到世界各地。他是音乐教育家，在国立青木关音乐学院、璧山社会教育学院、苏南文教学院、华东师范大学、中央音乐学院和中国音乐学院长期任教，培养了金砂、李劫夫、汪毓和等著名音乐家。他与田汉、郭沫若、贺绿汀、张曙、阳翰笙等人合作，为中国文艺事业做出了杰出贡献。

一九三八年五月，中央陆军军官学校在抗战西迁成都的途中，路过安居，开办短训班，培养战争急需的指挥员。在此期间，刘雪庵曾到安居逗留。那时，日寇已经占领了大半个中国，陪都重庆不断遭受狂轰滥炸，安居的九宫十八庙塞满流亡同胞，城门洞、民居的吊脚楼下，凡是能够遮风挡雨的地方，全都人满为患。流浪儿一丝不挂，满身黑污，沿街乞讨。悲痛的嚎哭、绝望的哀鸣，碾压着古城的心。

每天黎明却是精神振奋的时候。一阵雄壮的旋律在晨光里传响，中央陆军军官学校出操了，学员们披着朝霞，慷慨激昂：

走，朋友，我们要为爹娘复仇！走，朋友，我们要为民族战斗！

锦绣的河山，怎能让敌人践踏

这是刘雪庵的《上前线》，每当歌声响起，同胞们就振奋起来：军队在操练，就要开赴前线，战胜凶恶的敌人。而这时，学校也唱起了刘雪庵为岳飞配曲的《满江红》。歌声唤醒了江城的黎明，抚慰着同胞的伤痛。

艺术馆按照刘雪庵的艺术人生分为五个展室，进门为序厅，展现刘雪庵的重大影响。入口处是馆序和刘雪庵先生的塑像，陈列有前中共中央政治局常委、国务院副总理李岚清为刘雪庵创作的肖像、书法和篆刻，还有刘雪庵事业上的合作者郭沫若等人的图片。后面四个展室分别用刘雪庵的四支名曲命名，走到感应灯下，名曲随即响起，动人的旋律伴随游客参观缅怀。

刘雪庵音乐艺术馆内景

第二展室为《飘零的落花》。此曲创作于1935年，是刘雪庵最初的代表作。这里展示的是刘雪庵意气风发、春风得意的青年时光。壁橱里的照片是1930年代珍贵的影像资料。他们是恩师萧友梅、黄自以及同学贺绿汀、陈田鹤、江定仙、廖辅叔、周小燕，和刘雪庵亦师亦友，给他留下了一生极其珍贵的回忆。在刘雪庵悲苦万分的时刻，照片上的人物是他心灵的慰藉，给他雪中送炭的深情。

第三展室《长城谣》，集中表现刘雪庵对抗日救亡的重大贡献，从中可以感受到刘雪庵的家国情怀，人伦大爱。

展品有《战歌》两卷十八期。这是刘雪庵自费创办、邮发全国、推动抗日救亡歌咏活动的音乐刊物，一九三七年十月创刊，经营两年半，从选稿，编校，印刷到邮发，刘雪庵亲力亲为，最后，因为物价太高，没有经费来源，无奈终刊。

壁橱里的《屈原》音乐总谱是镇馆之宝。一九四一年，刘雪庵应郭沫若之邀，为新编历史剧《屈原》配曲，有《橘颂》《惜诵》《礼魂》《渔父吟》《招魂》《雷电颂》。《新华日报》载文，称"文学与音乐的空前合作，名歌六阕，古香古色，堪称绝唱"。

刘雪庵与郭沫若家人在重庆张家花园的合影，郭沫若的亲笔

第一章 古城寻幽

信，周恩来对《屈原》创作的要求，都有实物在此。

《长城谣》的创作和影响，是这一室的重头戏。词作者潘子农、首唱者周小燕，以及延安合唱的情景，都可亲见。在平津沦陷、华北沦陷、上海沦为孤岛、南京惨遭屠城的生死关头，刘雪庵终止流亡音符，把《松花江上》的哭诉变为刚强，写出了《离家》《上前线》合成《流亡三部曲》，影响了一个时代。在当今，凡有抗战纪念活动，依然是保留节目，被不断演绎。

这一室还有刘雪庵任教中国音乐学院所做的课件和备课资料。刘雪庵的书法造诣很深。他的字有何绍基的神韵，跌宕起伏中兼有魏碑风骨。

第四室到第五室的过渡空间，展出了刘雪庵生前弹奏音乐的钢琴、小提琴。本土作家创作的《何日君再来——刘雪庵传》也有陈列。这本书是国内唯一详尽记载刘雪庵的传记文学。传主刘雪庵多舛的命运和在艺术道路上的艰辛跋涉，以及每支名曲诞生的故事，在书中都做了生动的叙说。

《追寻》是刘雪庵在苏州创作的曲子。这一室展示了刘雪庵百年诞辰的图片资料，海内外学者追寻刘雪庵的足迹，齐聚北京中国音乐学院，缅怀大师，研讨作品。

《何日君再来——刘雪庵传》

雪庵公园

　　《刘雪庵学子书信集》是一件奇特的藏品。一群耋龄老人，捐出养老金，资助出版《刘雪庵音乐作品集》。书信九十一封，写给刘雪庵的子女，通报工作进展。刘雪庵的这群学子，在二十世纪四十年代，就读于青木关国立音乐学院和璧山社会教育学院。侨居美国的杨鸿义，串联两岸四地，首倡此举。重庆第一师范学校退休教师任然担任主编，搜寻曲子，编校、装帧设计。陈长才统揽进度，对外联系。人老记忆差，常常是前函说事，后信重复。因为工作繁复，任然年老多病，沉疴难起，交出主编工作不久，就遗憾辞世！这群风烛残年的老人，在即将辞别人世之前，捧出心来，给长眠于八宝山的恩师致以真诚的敬意。有这件藏品，刘雪庵音乐艺术馆就有了多样的色彩和品位。

　　缅怀大师，敬仰先贤，铜梁修建了雪庵公园，并将举办刘雪庵音乐节，每两年一届。

六
黄家坝野趣

旅游安居，露宿黄家坝是诗意的所在。

驱车经波仑山，沿盘山公路下行百余米，在原铜梁糖厂处往右拐弯，再奔驰半里地，湿漉漉的空气迎面扑来，目的地到了。

涪江、琼江在这里欢腾拥抱，激情澎湃奔向嘉陵江，年复一年，携来大量的泥沙，淤积成一百六十多公顷的广袤滩涂——黄家坝湿地公园。鹅卵石重重叠叠密密麻麻，形成天然的大堤，外江汩汩东去，不舍昼夜，内河波光潋滟，沟渠纵横。这里水草丰美，是底栖生物的乐园，也是鸟类和鱼类的天堂。

解开行李包，取出帐篷，牵开四角，江风突然扑来，篷布随

湿地越野

白鹭

风鼓荡，飞过头顶，只得扯落地上，抓紧手中，转移到避风的草丛边，铺上防潮垫，摆好睡袋，支好篷布，扎进地钉，然后，坐着发呆，看牛啃青草，鱼戏碧波，听任孩子们疯跑。时间很快过去，夜色在湿漉漉的芳香中弥漫开来。

扎营

第一章 古城寻幽

清波照影

　　一轮明月跃出江心，那么皎洁而亲近，那么澄澈而丰盈。江面波光粼粼，便有李白的断章踏歌而来，美目三千里，巧笑倩兮。夜空深邃而湛蓝，没有一丝浮云，清澈的月光顺着野草的叶尖泻在帐篷上，四无遮拦，夜色幽深而渺远。由于下游的电站抬高了水位，江水几乎看不见流淌，又因为涪江禁渔，没有打鱼船的轰鸣声，江边的夜静得出奇。有风乍起，浪涛低语，野草瑟瑟，宿鸟嘀咕汇成一曲天籁的和鸣。躺进帐篷，躺在大自然的怀抱，就像回到了天真烂漫的童年，无忧无虑，一夜好梦。

　　清晨，拉开帐篷帘子，几片草叶飘飘落下，一股野花的气息扑入鼻孔，直往肺腑里钻。这是什么花呢？花穗紫红色，蓬蓬松松，在江风中摇荡，一浪接一浪，汹涌澎湃漫过黄家坝。

　　紫穗婆娑游人醉，直把此花当芦苇。

　　其实，这是斑茅。

　　芦苇和斑茅同属多年生高大草本，禾本科，但两者区别很大。斑茅多生于低海拔丘陵荒地和潮湿的谷地，芦苇多生长在江河湖泽溪涧低湿地；斑茅蓬生，叶片株茎繁茂泼辣绽开一丛向天冲；芦苇茎秆直立，高挑，穗子清秀飘逸，临波一照，丰姿绰约，和美女的形象连在一起。"蒹葭苍苍，白露为霜，所谓佳人，在水一方。"站在芦苇丛中，想起这样的诗句，就有一种莫名的情绪在心中涌动，为那美女而魂牵梦萦两眼望穿。斑茅昂扬向上，像一个从不修饰打扮的村姑，蓬门未识绮罗香，质朴无华野趣浓。站在斑茅丛中，不用翘首以盼，朝思暮想，因为，斑茅平易近人，她以原始的风貌，以豪放的姿态狂野生长，春天吐出新芽，青纱帐无边无际，夏日江风劲吹，茅叶碧浪起伏，到了秋天，茅花由紫变白，多姿多彩，冬天来临，雪落茅丛，一片萧瑟和凄美。

在国难当头的时候，斑茅丛是战场。中央陆军军官学校西迁成都途中，驻训安居，空旷的黄家坝响起了抗日的号角。将士们在斑茅丛中实战训练，搜索、清剿、埋伏、突围，锋利的茅叶割破将士的皮肤，染上殷红的鲜血。

在苦难的岁月，斑茅带给江岸百姓许多乐趣。安居燃料紧

夕照湿地

缺，很多农民买不起燃煤，能买燃煤的人家必须拖着板车，去巴岳山、毓青山拖运，往返一天一夜七十多公里，双脚踩得地皮颤抖，汗水砸得尘土飞扬。斑茅承担起农家炊饭的使命。每到深秋时节，黄家坝上人欢马叫，村民砍斑茅，打成捆，扛回家，熊熊柴火映红了乡村的脸膛，温暖了农人的心。

黄家坝是鸟儿的天堂。这里有三十多种水鸟可供观赏，鹭科、鸭科较为常见。鹭是这里的常客，有牛背鹭、苍鹭、池鹭、白鹭、夜鹭等等。最为眼熟的当属白鹭，羽毛洁白，时时舒展双翼款款飘飞，掠过江涛，一鸣冲天。夜鹭也是常客，脊毛黝黑、翅膀灰、腹肚雪白、爪子金黄，如一道彩色的幽灵划过江面。鸭是冬季的贵宾，有赤麻鸭、绿头鸭、斑嘴鸭、针尾鸭、秋沙鸭、骨顶鸭等等，喜欢群居江面，结伴畅游。它们警惕性高，不易接近，常常距离人很远就举起双翅，贴着江面飞走。斑嘴鸭是大型鸭类，体形和绿头鸭相近，叫声洪亮而清脆。此外，黄家坝江面还时常可见青胶鹬、白腰草鹬、扇尾沙锥、鸬鹚、灰燕、栗苇鳽，时而在水面耳鬓厮磨，轻快嬉游，时而展翅高飞，降落在斑茅丛中。鸬鹚是人们熟悉并常见的食鱼游禽，擅长潜水，长喙尖利，最会啄鱼，常被渔民驯化，喉部系着绳子，下江捕鱼，跳上船头，被渔民捏着喉部，吐出鱼来，又钻进江水，周而复始忠心效主。为鼓励它再接再厉，继续奋斗，渔民常拿小鱼喂它，诱惑鼓励。

夏秋时节，游人三五成群下河戏水，捉鱼摸虾，玩累了就躺在斑茅林中睡大觉，也有人掐一片茅叶衔在嘴里，舞动舌尖吹小曲儿，逗得林中的鸟儿应声附和。人们循着鸟叫声，悄无声息接近鸟窝，掏鸟蛋，然后，捡来干枯的茅叶，点燃，鸟蛋熟透的清香飘绕起来……

黄家坝拣鹅石宝是赏心乐事。

鹅石宝又称鹅卵石。普通的青石砾块被冰雪风化，从青藏高原层层跌落，经江水日夜搬运，在激流中碰撞，拍打，摩擦，磨去棱角，形成质地坚硬、外表光滑的圆形或扁圆形的鹅卵石，年

和睦相处

复一年海量般堆叠在黄家坝上,形成漫漫长堤与茫茫的石滩。有些鹅卵石纹路奇特,色彩缤纷,还有奇特的图案,却没有人为的整形、加工、修理、打磨,保持着天然形态,拣到手中,堪称奇石,能不是宝?拣鹅卵石,赤脚踩在上面,硬硬的石头硌得人一颠一簸,脚掌发麻发痛,"咔嚓咔嚓",悦耳动听,拣到一块,左抚右摸,反复品鉴,不理想,就扔掉,又弯下腰,寻寻觅觅,却突然觉得刚才丢掉的是宝贝,回头再寻,却不见伊人倩影,于是,心存遗憾。石头太重,拣多了,搬不动,就有取舍。美丽和瑕疵总是集于一石,难有十全十美。人们常说:黄家坝拣鹅石宝,那个要比这个好,于是,弃与舍,陷入两难,就是长着一双慧眼,也有走神的时候,于是,后悔经常发生。鹅卵石带回家,用清水洗净,在灯光下欣赏,浸泡在水中琢磨,上面的纹路常会随着所思所想变出奇特迷人的图案:有的像美女出浴,灵秀诱人;有的如将军拔剑,豪气冲天;有的似月出东山,清辉皎洁……那时,你会惊喜得笑逐颜开。

而今,大自然伟力堆叠而成的鹅卵石长堤没有了,鹅卵石浇成钢筋混凝土,新城不断拔节升高,随着城市化进程的加快,建筑材料不断涨价,大自然亿万年的造化,顷刻间被破坏殆尽,漫步黄家坝,心里涌起无以言表的惆怅。

但是,请放心,鹅卵石虽没有了海量般重叠堆积,岸边依旧

第一章 古城寻幽

俯拾皆是，你只要低头寻觅，都能尽兴而归。

在鹅卵石下，藏有打屁虫，这可是一道难得的野味呢。打屁虫形状扁平，背壳薄硬，长着翅膀、触须和脚，善爬行，会飞翔。它的学名叫椿象，也叫蝽，俗称放屁虫、臭大姐等，因体后有一个臭腺开口，遇到危险就放出臭气，自卫逃生，因此"臭名远扬"。椿象长得快，繁殖力极强，约有3万种，是一个庞大的家族。来黄家坝玩，人们常常带着盆子和一块香皂，捕捉打屁虫，双手难免臭不可闻，必须蹲在江边洗手，把虫子放进水盆中，任其充分放屁，散尽臭气，透水，洗净泥沙，然后，捡来三块鹅卵石，埋锅搭灶，走进斑茅丛中，弯弯腰，就能捡来一抱枯叶，点燃柴火，把打屁虫倒进锅里炒熟。这道美食又香又脆，绿色环保。安居的农贸市场时有出售，有的饭馆也卖打屁虫，给食客佐酒。打屁虫有很高的药用价值，中药材名为"九香虫"，主治肝、脾、胃气痛和腰、膝酸痛等症。打屁虫名声虽臭，却给人们带来口福和健康。

深秋时节，黄家坝江天辽阔，斑茅如雪，鸥鸟飘飞款款，鸣声清脆，南飞的大雁排成人字，奋力追赶远去的白云，原始粗犷之美给人视觉的震撼。这是一块神奇的土地，是一块未加雕琢的璞玉，最是具有原生意义的湿地公园。

第二章 | 宫庙剪影
GONGMIAO JIANYING

  安居寺庙道观格局良好，环境优美，数量众多，有九宫十八庙。由于城小，寺观构造精致玲珑，神像栩栩如生，或矗立峰顶，诸山来朝；或俯瞰古城，美景尽收；或临江而建，气势雄伟，给信徒以心灵的归宿，给游客以庄严、肃穆和神秘的感受。

一

波仑寺探奇

安居东边有一座波仑山，山上竹木耸翠，奇峰入云。波仑寺雄踞云间，背山面水，万方来朝。安居有八景，"波仑捧月"名声最响。

清晨，万物还在沉睡，波仑寺的晨钟悠然响起，一声接一声，风从江上吹来，宿鸟惊起，竹树婆娑起舞。登临极目，视野没遮没拦，东升的旭日洒下万缕金辉，给古城抹上一层耀眼的光芒。临风而立，环顾四周，方圆几十里的景象一览无遗，涪江浑黄，从远山飘来，一路蜿蜒，琼江碧绿，穿过夹岸的翠竹，在迎

波仑寺摩崖石刻

龙门与涪江交汇，浑黄与幽碧欢腾拥抱，绞缠翻滚，奔流涌浪数千米远终于融为一色，潺潺东流。只要天气晴朗，登上波仑寺最高峰——簸箕石，极目远眺，就能看见合川白塔。

波仑寺得名于南唐天成二年（927年）。这个寺名把一位高僧和皇帝连在一起。明代胡尧臣《波仑寺记》这样写道："古汉什邡县慧剑寺有禅僧智通生，数十年不语，明宗闻而召之，乃启口说经，以左手为波，右手为仑，遂号波仑禅师，后至此结庐隐居。"

这是一则充满禅机的趣闻。智通生道行高深莫测，声名远播，数十年沉默不语，见到皇上，慧眼一睁，国君乃接法之器，便顿开金口滔滔不绝，为其宣讲佛法。讲的什么？胡尧臣没有写，但从唐明宗李嗣元此后的行为可以判断，讲的应该是善恶因果关系，止恶扬善、以悲悯天下众生之心治理国家，做有利于佛法、有利于国家民众的事业。唐明宗李嗣元显然听进去了，而且触动很深，因为，史书上记载，他贵为至尊，寡言少语，执事恭谨，崇尚节俭，不喜声色淫乐，是难得的明君。

智通生结庐于此，波仑山佛光普照。唐初建，摩崖刻佛，建殿修阁，金饰菩萨佛像，直到明朝成化年间（约1466年），胡尧

波仑寺正殿

臣的先祖胡九常与乡邻周笃言等筹集善款，再次续建，将前殿增扩为三重殿阁，并在第二重殿中增设直径两米的圆形空窗，大殿高至五米，波仑古寺终成规模。远远望去，层层殿宇，翘角飞檐，红色廊柱，青灰屋瓦，古色古香。檐角上铜铃悬挂，清风一起，铃声悠扬悦耳，如仙乐演奏，令人心旌摇荡神思飞扬。

波仑捧月景象瑰丽，一睹难忘，不同的游客有不同的版本。民间普遍的说法是：每到三五月明之日，子夜时分，月光透过大雄宝殿窗户的圆洞，将那一束清澈的光投向如来佛像。佛祖双目慈祥，右臂下垂，左手捧珠于胸前。那束月光射在宝珠上，又折射出去，清辉弥漫，满殿光华喷涌，恍如白昼，形成波仑捧月奇观。另一种版本来自清光绪《铜梁县志》："黄昏到寺……忽觉清光大来，涧鸟惊鸣，水镜冰轮恍从山顶涌出，飞挂于老树虬枝间，寺后石笋嶙岣，高不胜寒，下方仰视，又疑巨灵伸指，捧出白玉盘也。"

如来手心捧月，带有一定的感情因素，信众不只是对佛祖的膜拜，还有对建筑艺术的肯定。古代建筑师借天时，就地利，鬼斧神工，今人望尘莫及。在旧县志的记载中，波仑是一座山，"捧"有一个过程，最先出现一道"清光"，接着，月亮从峰峦中"涌出"，然后，"飞挂于老树琼枝间"。月亮升起，清辉皎洁，游人先是惊觉，继而赏心悦目，感叹沉醉。

两种版本，各说各话，谁也不服谁。第一种说法流传甚广，是目击者的证词，言之凿凿，信誓旦旦。可惜的是寺庙遭逢破坏，寺庙周遭也没有当年的植被和地貌，因没有古建筑的设计图，今天的建筑师哪有再造山河的本事！佛殿重建，佛像也重塑了，却不是老一代安居人记忆中的模样，就像烹得很香的食物，已经没有儿时的味道。

山寺题咏颇多，《四川通志》《铜梁县志》都有收录，其中，邑人周际同《波仑捧月》最富代表性。诗曰：

绀宇多年隐茂林，冰轮伫处欲停琴。
三乘参透无人相，一镜高擎见佛心。
始信真空原有色，莫言往古不如今。
恒河照遍皈清净，微笑拈花月满襟。

这首诗，是波仑山捧明月的佐证，自然入了方志法眼，收在《艺文篇》。

山寺古迹多，也是一大看点。"鸢飞鱼跃"旁署名"退之"，韩愈的墨宝，是安居人周赐从云南拓来。从大殿左侧前往点头石，石壁上刻有宋朝书家米芾的"第一山"。明代县令胡秉书的"波仑绝顶"遒劲豪放。石壁上的诗文有的字大如斗，有的小如酒杯，有的端庄丰腻，有的龙飞凤舞，各有各的韵味。

当年，外地客商来到安居，必游波仑寺。胡尧臣写道：波仑寺为云中一大观也，至有系缆解鞍，问道而游，竟日不知去者。每年的正月初九，为登高盛会，去往山上的石径人满为患，迎面让行必须侧身贴胸而过。要是到了传统的三元节（上元节，正月十五；中元节，七月十五；下元节，十月十五）这三天，游人需排队等候，才能如愿。就在平时，人们也是三五成群，迤逦相望。

波仑寺曾经是四川省文物保护单位，而今，安居致力于打造旅游精品景区，波仑寺恢复原貌排上日程，再现古寺雄风，河山幸甚，百姓幸甚！

二
城隍庙漫话

明朝成化十七年（1481年），安居复置县，修建城隍庙。城隍庙竣工，迎入城隍诸神，又在东侧建元天宫，供奉玄天上帝，纯铁之身披着玄袍，金甲玉带，仗剑怒目，足踏龟蛇，顶罩圆光，形象十分威猛。于是，道家入住，扩充善举，建码头，捐渡船，雇人推船，沟通天堑，方便百姓出行，又捐义冢，维修坍塌城墙，造福一方，于是，安居城隍庙声驰阆苑。

清朝康熙年间，楚地道人入川，背来一尊观音大士金像，安置在城隍庙右斋堂，却苦于上无龛座，下无海水，深感孤陋寂寞。当地绅粮捐善款，修造海面，挖地，意外掘出清泉。泉水清澈纯净，如同甘露。冠子山巅出清泉，是神奇，还是天意，令人惊叹。更神奇的是，多雨之季，泉水不见满溢；干旱之年，泉眼从不枯竭，几百年来，观音龛座之下，清泉长涌，清澈照人。

此后，经历了岁月的风风雨雨，护墙坍塌，房破瓦碎，在清朝乾隆十年（1745年）重建，道光六年（1826年）修补。民国十六年（1927年），修筑铜安公路，铜梁筹集经费，提卖庙产，僧尼纷纷还俗，城隍庙虽没变现，但香火冷落。一九五二年，城隍庙用作安居木船社职工宿舍，连接寺庙和戏楼的木廊被拆除，一九六三年，修搬运站，端掉古戏楼，建成一楼一底的瓦房。二〇一二年，道长赵崇钦入住，建设道教全真龙门派道观，补墙换梁，添砖加瓦，粉刷装饰，城隍庙修葺一新，正式开放为合法的宗教活动场所。二〇一五年，铜梁区道教协会正式成立，办公地点就设在安居城隍庙道观内。全国政协常委、全国政协民宗委副主任为安居城隍庙道观题写了匾额。

城隍庙雄踞在冠子山巅，一条石阶通向大殿，宽大峻拔，仰不见顶，厢房飞檐气势开张，展翅欲飞。牌匾垂挂于正殿檐口，中国道教协会会长任法融道长的手笔，法度森严，背景是深邃高远的青天。殿前香火袅绕，光线阴暗，空间气氛神秘威严。拾级而上，进入正殿，城隍爷迎面端坐，顶戴红宝石傲龙金冠，身穿大红蟒袍，神色威严。左厢阎罗殿阴森恐怖，是阳间做坏事，阴间遭惩处的地狱。恶人或下油锅，杵臼捣，或磨子磨，刺心挖肝，凄惨无比。为善之家，必有余庆；为恶之家，必有余殃。信众来此祈福禳灾，有求必应，安居城隍庙香火鼎盛，影响波及上川东、小川北，铜梁巴岳寺、白羊石灯寺、华藏寺、潼南大佛寺、大足宝顶山、重庆华岩寺、罗汉寺、遂宁广德寺纷纷组织几百人的香会前来朝贺。

二〇一二年，中断了七十余年的城隍庙会有声有色地重现繁盛热闹场景。

殿后两江交汇，玉带双环，鸥鸟与流云齐飞，雄风与涛声共鸣。金色的沙滩勾勒出曲折的岸线，江流宛转，水天一色。登临玉皇阁，美景奔来眼底：清晨，日出东江，霞光染透江水；夜晚，渔火跳荡，古城倒映波间。风拂草偃，斑茅苍苍，春夏翠色如流，秋冬紫穗涌浪，碧绿的江水擦过古城，蜿蜒东去。民居簇拥，依崖吊脚，

城隍庙风采

高低错落，房顶、山墙、屋脊的组合，勾勒出起伏跌宕的天际线。

观赏江景，俯瞰古城，禳灾祈福，城隍庙不容错过。

城隍庙的修建有其历史原因。

"城"是土筑的高墙，"隍"是无水的护城壕。古人造城是为了保护城内百姓的安全，所以筑起高大的城墙、城楼、城门以及壕城、护城河。古人认为跟人的生活、安全密切相关的事物，都有神在，于是，城和隍被神化为城市的保护神。道教把它纳入自己的神系，称它是剪除凶恶、保国护邦之神，还管领着冥界的亡魂。

建城隍庙，呼城隍爷，源于楚汉相争。刘邦被项羽围困在荥阳，内无粮草、外无援兵。在生死关头，部将纪信挺身赴难，他因长相酷似刘邦，就换上大王的衣服，出城投降，迷惑楚军，刘邦得以带兵突围。纪信被俘，拒不投降，惨遭杀害。刘邦深受感动，把他的遗骸送回老家安葬，建庙塑像，让他永远享受香火供奉，还把庙取名为"城隍庙"，并下令全国各地修建。从那以后，纪信的塑像被称为"城隍老爷"，代代相传，成为各地的"城隍爷"。

明朝朱元璋做皇帝后，对城隍神格外青睐，因为，他是在土地庙里出生的，对土地神的上司城隍神便极其敬重，于是，全国各地的城隍庙便如雨后春笋般冒出来。明洪武二年（1369年），朱元璋下诏加封天下城隍，并严格规定了城隍的等级，分为都、府、州、县四级。

城隍庙廊道

城隍殿

　　县级城隍爷和县太爷平级，可是，安居城隍爷却是"正一品"穿着：顶戴红宝石傲龙金冠，身穿大红蟒袍。这超规格的礼遇，安居民间口口相传与明朝建文帝朱允炆有关。

　　燕王朱棣发动战争，抢夺帝位，叔侄骨肉相残持续三年多，朱允炆战败，带着精心挑选的人马，突出重围，逃离南京，以图东山再起。溯江而上，直奔汉口。天气酷热，船上凉风习习，惊恐的心稍得安宁，可是，朱棣的追兵说到就到。他只好继续溯江而上，履险三峡，逃亡重庆，在朝天门下船，小住了几天，也不留恋山城美景。他要东山再起，积聚力量，就带着随从向更安全的地方逃奔，一路烈日暴晒，受尽千辛万苦，岸上的梆子声敲响三更，船在两江交汇处的码头靠岸了，一打听，是安居。他动心了，从地名来看，这里可以安稳居住了，便弃舟登岸，顿觉暑气逼人，又急又饿，脚步无力，走到一座庙前，伸手叩门。庙门"吱呀"一声开了，老庙主打着蜡烛，引他们进入殿堂。

　　庙主弄来斋饭，看着他们吃了，又带去冲凉。朱允炆换上干净的道袍，目光灼灼，颓丧的情绪一扫而空。老庙主看出来者气度不凡，殷勤照顾他们去睡了。

朱允炆刚睡下，天就变了。沉雷在天边滚动，雨瀑在檐口飞泻，湿漉漉的江风将庙里的暑气扫荡一空，朱允炆不由得神清气爽，从窗口看出去，密雨斜飞，江天一片迷蒙。这雨从半夜一直下到第二天中午，云开日出，江鸥款款。涨水了，涪江从川西雪山奔涌而来，发出惊天动地的喧响；琼江从川中一泻而下，涌到古城脚下。两江骤然相遇欢腾拥抱。一个刚烈火爆，浊浪翻滚凛冽刺骨，一个丰满起伏，水温温和碧绿晶莹。清流浊浪泾渭分明，色彩缤纷，层层涌出，一朵朵美丽的琼花盛开在浩荡的江面上，像碧玉雕成重瓣芙蓉，又像花瓣纷披的白色菊花……岸上看客挤挤挨挨，不断惊呼：琼花献瑞，看，又是一朵！啊，那一朵更大……

这是好兆头！朱允炆喜欢安居了。他沉溺于江天美景，吟山画水，和乡老酬唱，抛弃了再披龙袍的念想，一住就是两年多。后来，朱允炆落发为僧，游历四方，不知所终。明成化十七年（1481年），安居复置县治，在冠子山建城隍庙，因为朱允炆在此住过，城隍爷荣膺都城隍名誉，得一品官位。他弃舟登岸的码头，被呼作迎龙门。这个故事流传至今，任后人指点评说。

城隍庙香火日盛，每月初一、十五，数百名信众来此祈福禳灾。每年五月的城隍爷圣诞，十里八乡的信众都来赶庙会，2012年还恢复了隆重的"城隍出巡"活动，并以此成为安居古城的一项传统民俗活动，每年的五月初十定期举办。城隍出巡，声势浩大，四面道锣敲响威风，八面"回避""肃静"的旗幡迎风招展，虎头木牌开道气势凌厉，判官、小鬼、鸡脚神、黑白无常、衙门差人簇拥在后，一路吹吹打打浩浩荡荡，逶迤连绵几条街。信众抬着大蜡烛，手捧高香，紧紧跟随，街头鼓乐欢腾，龙狮起舞，沿街店铺摆设香案，烛焰袅袅，燃香点点，丝竹声起，大戏开演，打玩友，听评书，赏猴戏，看魔术，尽可自由选择，观众熙来攘往，市声喧嚣，小贩头冒热汗，心里凉爽，笑声、叫卖声在古城飘荡。

城隍庙簇群

三
禹王宫重生记

安居大南街 121 号至 124 号，矗立着最具代表性的古建筑。禹王宫、妈祖庙、黄州会馆比邻而居，精雕细琢，既有宗庙建筑的庄严气势，也有深宅大院的气派豪华。繁复精美的雕饰极尽富丽堂皇，生动流畅的翘角飞檐凸显精致高雅，深褐色的木柱、板壁是时间的刻痕，起伏跌宕、鳞次栉比的青瓦造型给人强烈的视觉冲击力和震撼力。

最吸引眼球的禹王宫，又叫湖广会馆，是安居商埠繁华的历史见证。

禹王宫为中轴线对称平面布局，分为前殿、正殿和后殿，左右各有厢房，进门从戏楼底下穿过，步入庭院，拾级而上踱进宽敞的大厅，游客看戏、喝茶的优雅空间，也是以前的祭祀场所，大厅两侧也有厢房。两进院落与两厢连为一体，形成一个小巧、亲切而宜人的空间。

禹王宫又叫湖广会馆。湖广人崇拜治水惠民、三过家门而不入的大禹，所以，又称作禹王宫。

禹王宫建造于清乾隆年间，是当年的商务和信息中心、仲裁机构、同乡联谊的纽带和危难救助站。湖广填四川后，经商、仕宦、科考，抑或湖广籍的流浪者、乞丐，都可以在会馆里吃、住、娱乐，成为一代代湖广先民的精神家园。

新中国成立以后，安居镇政府将湖广会馆划拨给安居丝厂，

禹王宫鸟瞰

用作职工宿舍。二十世纪九十年代，安居丝厂陷入困境，债务多达百分之二百三十，不得不改革产权制度。经过职工代表大会研究，县体制改革办公室批准，厂长曾凡久依法获得原安居丝厂债权债务及经营权。新的安居丝厂经过重组后，贷款经营。这时的湖广会馆因年久失修，梁椽断裂，屋顶破碎，太阳天光柱万缕，下雨时水声滴答。任其风雨飘摇，真是可惜了，曾凡久认准了禹王宫潜在的价值，便准备修缮。不懂古建筑就学习，他买来梁思成的《中国传统民居图说》和清华大学出版社出版的《清工部工程做法例图解》《营造法式》等专业书籍，一本本啃，啃成内行，然后，从屋里看到屋外，再爬上屋顶，观察记录，形成修缮方案后，请来两个木匠和十余个杂工，依照旧制复原，一修就是十余年。基础夯实，下水道疏通，朽木烂材换掉，斜墙歪壁矫正，翘角飞檐完好如初。

那时，曾凡久还不到四十岁，经营丝厂赚了五百多万元，亲友们劝他趁铜梁县城拆除重建的机会，赶紧参与投入房地产市场赚大钱。当时的铜梁城，楼盘一出图纸，楼花就售罄，银子哗哗地流进口袋。即便没有本钱，贷款搞开发，也赚得盆满钵流。别人赚大钱，他非但不眼红，反而更进一步把千疮百孔的万寿宫和妈祖庙收入囊中，并投资修缮。随着费用的不断增加，安居古城越渐萧条，更要命的是蚕桑产量锐减，丝绸行业生意也日渐萎缩，亲朋骂他脑壳进了水，街坊邻居也把他当傻儿。他咬定青山不放松，前后投入500多万元，修缮了禹王宫、黄州会馆、妈祖庙、万寿宫、王爷庙近三千余平方米。

污染企业离场，安居古城空气清新，江水澄澈。湖广会馆、黄州会馆和妈祖庙全都修缮一新。精雕细刻的深宅大院在一双双惊喜的眸子里流转，色彩缤纷的雕栏画栋述说着曾经的奢华和雅致，原汁原味的驼峰斗拱传递着深远的文化内涵。这一带古建筑群成为了解安居近代历史的窗口，成为探寻移民文化、商旅文化和会馆文化的历史标本，市场估价已超过一亿元人民币。

游客涌进来了，多的时候一天有几十万人。人流熙来攘往，南腔北调，匆匆的脚步声依稀伴着民居的捣衣声，移民的迁徙故

禹王宫簇群

事和名门望族大轿经过时的喧嚣。

湖广会馆成为寻找乡愁、追寻过往生活的著名景点，落满岁月的尘埃和蒙尘的记忆。走进会馆，就走进了安居人的梦乡。一轮黛月挂在马头山墙上，洒下无边清辉。月满古城，临风回望，人在灯火阑珊处。

四
王爷庙巧结善果

　　王爷庙在油坊街258号（安居镇政府大院内），雄踞在高坡之上，须仰视才见，三重飞檐，门上重檐，青瓦白墙，宫前石梯高达二十余米，飞檐翘脊展翅入云，更增强了高耸的感觉。

　　王爷庙供奉、祭祀与镇水神灵，是安居民间崇拜和信仰的重要场所，见证了涪江流域航运业和渔业的兴衰。

　　在清朝时，一位客商顺江东下，在黄家坝外突遇狂风恶浪，船身倾斜，桨叶折断，船舱进水，万分危险。船工们拼死搏斗，费尽九牛二虎之力，终于将船停靠江岸。逃过大劫，惊魂甫定，船老板心想，这是江中出蛟了，兴风作浪，为害一方。他发愿修

王爷庙

一座庙，供奉镇江王爷，让他享受祭祀，镇住蛟龙，使恶浪不再汹涌，保佑来往商船和旅客平安。

一时凑不齐那么多钱，他很着急，思来想去，想了一个巧办法：发出倡议，号召过往客商解囊相助，共襄善举。他带头捐款，得到积极响应，就在码头上放置箩筐，收集善款。一天天过去，箩筐装满，资金筹措得也差不多了，他就召集石匠、木匠，大兴土木。

民国年间，商船公所入驻，管理船运，调解纠纷，增加了王爷庙的功能。

第三章 | 人物传奇
RENWU CHUANQI

　　岁月漫漫，历史悠长，芸芸众生熙来攘往，最后统统被时间无情抹去，无迹可求，唯有称之为英才的人，才显出生命的不朽，不因官位显赫，财富尊荣，而因心灵的善良、人格的伟大和常人不具备的坚毅精神、行动能力，即使饱经忧患，甚至万劫不复，也不放弃对梦想的追求。有了他们，这个世界才不至于寂寞和单调，有了他们，才有了最有个性、最富激情、最具感染力的辉煌乐章，我们才有了前行的路标和向上的动力。仰望英才，感受他们的气息和目光的温度，安居史上最优秀的人物与我们同在。人杰地灵，群星闪耀。我们可以从中吸取力量，获得心灵的抚慰和不幸时的支撑。

　　人，应该有偶像，但是，成就事业，还得靠自己。

一
守师道如守孤城
——记朱熹高徒度正

二十四岁中进士，在长安、洛阳见惯不惊，那是京畿之地，青年才俊多如过江之鲫；在河北、江南也屡见不鲜，那里人文繁盛，少年得志者灿若星辰，然而，在渝西，在荒凉僻远的乐和乡下，却是天纵英才，人间能得几回闻？

巴川县乐和乡（旧址在今重庆市铜梁区少云镇向阳村，明代隶属安居）距县城东流溪坝（今重庆市潼南区小渡镇境内）三十余里，距帝都数千里。东南望临安，可怜无数山。就在那深丘大壑之中，走出了铜梁建县史上第一位进士、南宋中后期著名大臣及学者——度正。

度正出生于宋乾道二年（1166 年），宋绍熙元年（1190 年）赴首都临安（今杭州）参加殿试，点额成龙，两年后步入仕途，从潼川府路资州（今四川资阳市）司户参军起步，继任蜀学训导、华阳知县、嘉定府通判、重庆知府等职，进京后，做国子监丞、军器少监，太常少卿，古稀之龄以朝议大夫守礼部侍郎。做地方官，他勤政爱民，道德、文章、政事，好评如潮；出任京官，他促进理学上升为国家意识形态，提出了君臣共治天下的政治愿景。其哲学思想光照后世，历史功绩影响深远。

少年得志，大都生于钟鸣鼎食之家，若出自寒门，必然是天赋异禀，并受到良好的教育。度正家境一般，读不起花钱的私塾，在义塾发蒙，而且少年丧父，与母亲相依为命，好在家有土地百亩，但是，乐和乡背山面水，琼江缠绕深丘滔滔而过，一遇洪灾、旱灾，收成大幅缩水。度正在《奉别唐寺丞丈》诗中写道："终年或水旱，采薇充饭糗。四壁固屡空，满屋贮蝌蚪。"灾年四壁萧然，靠野菜填肚子，遇到洪涝，家中就成了蝌蚪的乐园。

靠天吃饭，日子艰辛，并不影响读书上进。度正自幼勤奋好学，"日记数百言，勇气摩星斗"。读《义方训》启蒙，那些格言朗朗上口，虽不太懂，却给人生的航船把稳了舵，他因此养成了忠诚、善良的品行，为信念、为理想不避艰险，一身正气。进入巴川乡校，少年度正立志甚高，豪气干云。他迷上以经义、政事为主的对策之语。那是科举考试的敲门砖啊，只要老师一开讲，度正两眼放电，兴致高昂。下课了，同学们在教室外蹦跳游玩，他倚着栏杆沉思默想，渴望学有所成，一展抱负。

苦心人，天不负。他脱颖而出，得到老师夸赞，同学仰慕，却四顾苍茫，感到孤独和不安：巴川县太小，又偏于一隅，闭塞落后，即使无比优秀，也是井底之蛙！多年以后，他在《通任枢密启》中追忆了这种心情："惟其生长于西南数千里之外，未免浮沉于州县庸众人之间。奋然为云谷之游，直欲极风雩之乐，适所愿欲，忘其疲劳……"他向往广阔的世界，渴望名师指点，不为做官光宗耀祖，而为满腹经纶学富五车，却不知从何做起。

十六岁，度正"以妙年明经，屡冠诸生，声誉赫然"，获县学推荐，到合州郡庠（府学）研习经学，专攻《周礼》，学习治国之道。

合州（今重庆市合川区），度正向往之地。涪江、渠江与嘉陵江在这里欢腾拥抱，江天辽阔，波光万顷，让人激情满怀，情思飞扬。文学家周敦颐曾经在合州为官，他的《爱莲说》，传遍华夏神州。人杰地灵给乐和少年向上托举的力量。

这时，宋朝南渡已经半个世纪了，川人进京赶考，不像以前受尽苦和累：必须提前三五个月，翻山越岭，汗水砸得地皮直跳，雨雪冻得筋骨萎缩，蜀道难行，有多少读书人视为畏途？而今，赶考赴江浙，买舟东下，朝发白帝，暮到江陵，坐船头，读诗书，观江景，十来天时间，即可轻松走进南京贡院，参加乡试与会试，胜出后，再顺江而下至京口（今江苏镇江），转道京杭大运河，赴临安参加殿试。

南宋以降，铜梁进士多，交通便捷是重要原因。

明天像花一样美好，度正的梦想是飞翔。在合州郡庠，他结识了研习经学的罗坚甫、陈嗣由。同学少年，风华正茂，志趣相投，相见恨晚，谈诗论道，情同手足。

周敦颐迷恋合州胜迹，在涞滩、钓鱼城、龙多寺和巴岳山都有题咏。哥仨读了周敦颐的《观巴岳木莲》，便相约游览巴岳山，流连于木莲树下，体悟前贤诗歌的妙处。山巅有全石，高出云端，远远望去，如一尊香炉安放在那里。陈嗣由特别喜爱，自号为香炉峰子。仨兄弟坐石上，阅读濂溪《太极通书》，交流探讨，相互切磋，读累了，就仰躺石上，沉思玩味。思想交锋，砥砺前行，成才的愿望更为殷切，但又觉得虚空而遥远，于是，度正泛览于百家，出入于佛老，博闻强记。

暑期，回到乐和乡下，正是琼江洪水泛滥的时节。稻谷浸泡水里，发芽霉烂，坡岭水土流失，农家损失惨重，可是，奸商屯粮待价而沽，官府赈灾敷衍推诿，收税收费苦苦相逼，耕种者饿死，养蚕者冻死，鳞鳞居大厦，十指不沾泥。遍身罗绮者，不是养蚕人。目击民间的苦难，少年度正萌生了做官的意愿，达则兼济天下，造福百姓。

八载寒窗苦读，度正学业精进，有了走出三峡，走向广阔天地的底气和力量。

度正赴临安赶考。乐和乡人迎战全国高才，志在必得，可是，临到发榜前，却坐立不安，眼皮直跳，全身冰凉。这是考试综合征：越是希望得到，越是恐惧失去，毕竟奋斗了那么多年，流下了那么多辛劳的汗水，寄寓了非常殷切的希望，成功在此一瞬，他魂不守舍，如末日降临，越是临近揭晓，越是担忧、焦虑、惶恐。发榜的锣声响了，他捂着耳朵，躲在客栈，闭门不出。

桂冠砸在头上，度正中进士了！

"方逾弱冠之年，幸脱科举之累。"春风和畅，春阳灿烂，他如释重负，心花怒放。

度正文章好，人年轻，宋光宗龙颜大悦，传旨召见。

度正在皇宫外守候。宫廷盛大，殿宇高耸入云，宫门气宇轩昂，宏伟壮丽，卫兵神色庄严，精神抖擞。触景生情，他神思飞扬，即兴吟出一首七律：

宫漏传筹趋绛帻，御盘行炙出黄金。
春馀花气香宁重，雨足林光绿更深。
通籍不须羞暮齿，好文何幸获初心。
东风似借鱼龙便，一夜奔雷数振音。

正是江南好风景，喜雨飘洒，花草开满温馨的祝福。皇帝在御花园举行御宴，金盘银碗，御赐珍馐，齿颊留香，从此后，人生之路海阔天空。

好像什么都有了，却觉得不够，希望又在前面，诱惑在招手。得志少年的枕边又萦绕着做学术的梦。他在临安逗留，想拜见朱熹，做入门弟子，可是不巧，朱熹赴漳州知府任上了。

今科进士非常扫兴。

归途，溯江而上，在湖北夷陵，度正偶遇族人度伯兼。按年龄长幼排辈，伯兼是兄长。族弟远道而来，又金榜题名，自然欢欣不尽，无话不谈。族兄邀请小弟到家里做客，送给他一件珍贵的礼物：当地著名学者郭雍的读书笔记。郭雍是程颐的高徒。程颐是北宋理学家和教育家，与其胞兄程颢同学于周敦颐，共同开创了"洛学"，为理学的奠基人和先行者。度正通过兄长送的笔记讲义，叩开了理学之门，找到了安身立命之基与学问大道之源——性善。

度正走上了为民请命之路，身在官场，心在学术，但义理难明，求道之路备尝艰辛。时光荏苒，转瞬七年，度正前往临安调官，接受新的任职，便借机奔赴建阳，再次拜访朱熹。

此时正值庆元党禁，南宋王朝已经退化为文化专制的炼狱，清洗、排挤、肃清流毒浊浪滔天，理学魁首朱熹被逐出都城，学问被斥为"伪学"，学校禁止讲授，科举弃而不用，追随者惨遭株连，好友、学生纷纷断绝来往。"余波滔天如惊湍，一落其中无全安。"人心惶惶，黑白颠倒，没有人敢于仗义执言，挺身而出，只有度正像飞蛾扑火一般，扑向学术的火光，即使烧为灰烬，初心不改！

朝闻道，夕死可矣！

"近来人，眼孔小；只扶起，不扶倒。"度正是吟着《义方训》去的，是带着古道热肠去的。一路山高水长，历时数月，正值盛夏六月，炎天烈日，铄石流金，晓行夜宿，这也罢了，度正是个清官，贫无车马之资，行无朋友支援，忍饥受寒，日晒雨淋，寂寞孤独。他写道："困于荆楚，憔悴何堪？厄于江淮，归投无所。"寥寥数语，字字带血，生命不能承受之重。

朱熹眼前的度正，脚穿草鞋，身披短褐，面色黧黑，形容清瘦，拜师问道目光真诚，嘘寒问暖，话语亲切，朱熹被深深感动了，当他问明度正的家境、求学经历，仕途和读书求道的心得之后，便以极大的热诚，穷毕生所学，满足弟子的求知欲望。

在建阳待了一个多月，度正明白了，所谓学者，心无旁骛，求不在他。理学圣贤功夫全在平常日用之间，随时随地涵养砥砺，敬而无失，于日常事物之间，随事观理，讲求思索，沉潜反复，涵泳玩味，长久积累，一旦豁然贯通，必有大成。

进入朱门，度正拜了名师，交了良朋，多了益友，融入了主流学术圈。

从那以后，朱熹的心中多了一分牵挂。度正返回蜀中不久，大师鸿雁飞来，殷切询问，话离别，诉衷肠，那份思念浓浓酽酽，感人至深。

回到铜梁，乐和乡人积极实践朱熹"仁民爱物"的理论，推动社仓建设，鼓励官方储存粮食，灾年平抑物价，缓和社会矛盾，防止豪绅囤积居奇，然后，撰写《巴州社仓记》给予肯定。

五年后，朱熹的学问重被尊崇，度正的人品、学识也辉光四射。十八岁的阳枋慕名造访，拜师问理。度正对阳枋耳提面命，殷切教导，去成都任蜀学训导，也把阳枋从巴川带去，安排在文翁石室，让他一边研究理学，精进学业，一边传道授业，养活自己。十年后，阳枋带着二弟阳全父和侄子阳存子，同登性善之门。后来，阳枋有了进士名分，成长为南宋著名理学家，和先贤比肩论道，走入了中华文化神圣的殿堂，并写下《字溪集》，录入《续修四库全书·别集》，流传至今。

《巴州社仓记》

度正的官越做越大，五十四岁时执掌重庆军事。那是个烫手山芋，忧患重重。他给朝廷上疏《重庆府到任条奏便民五事》，陈述重庆实情："民居鲜少，事力贫薄。"忠州、涪州地势偏远，官位空缺多，无人愿意就职，江津、巴县一连七八年，正职也无人愿做，边远州县，匪患四起，啸聚山林，祸害百姓。度正下笔万言，洋洋洒洒，便民利民，推出五项新政：一、修治城郭，增加兵丁而防盗贼；二、安抚南平羌人，防范民族纷争；三、完善职官任命；四、节省开支，建廉洁政府；五、减免赋税，减轻百姓负担，宽州县之力。在任三年，政通人和，他升迁至京师为官。

从后来的宋蒙争战来看，度正这五条堪称深谋远虑，高瞻远瞩。重庆加固城墙，有效地抵御了蒙古兵的攻势，尤其是合川钓鱼城守卫战，守军坚守了三十六年，蒙古军队损兵折将，蒙哥战死，宋朝因此延续了二十多年。

"守师道如守孤城，持正论如持盘水。"度正胸怀报国之志，为人正直不阿，为官清正廉直，为弘扬程朱理学，奉出毕生精力。度正为文，其《性善堂稿》被《永乐大典》《四库全书》收录，存诗150余首，还有记、表、启、书、跋和墓志铭等文体，是为数不多，且能传存至今的，重庆地区的宋人作品之一，有较高的历史与文学价值。其作品遵奉理学、忧国忧民、乐观旷达、赠别唱和，思想内容丰富，处处洋溢着积极用世的激情和刚直不阿的浩然正气。在艺术上重理趣，议论为诗，缺乏形象，诗味不够。他的《笼中鸡》形神兼备：

笼中蓄一鸡，饮啄颇云足。
其鸡浑不顾，引颈欲逃出。
旁鸡大爱之，贪食笼中食。
回旋欲归笼，不省笼拘束。

诗歌表面写笼中鸡贪食受困，实是讥讽世人被名利所累，语近情遥，颇有韵味。

度正的诗说理过多，生硬，滞涩，不如阳枋的诗文，鲜活灵动，清新上口。

端平二年（1235年），度正年届七十，按例致仕回乡，因病卒于故里，归葬乐活镇龙潭子。《宋史》为他立传。《大清一统志》记："度正墓，在铜梁县城东。"

二
古道清风胡尧臣

胡尧臣对本土文化上的杰出贡献是写下了最早的崇拜龙的文字。他在《圣水寺灵异志》一文中写道:"邑治北五里许,有川名兜溪","上有圣水寺,考寺旧碑所在:宋徽宗时,宫中火灾,焚中天阁,烈焰甚甚,兜溪龙王敖广仙妹珍淑,行雨解救有功,乃投金牌抛江设祭,敕封东淮洞达慈孝龙女元君,受此享祀,江边有梳妆石为记。此或庙祭所自始","接建大雄殿一座,置龙女像一尊"。胡尧臣绘声绘色,写下安居民众到圣水寺凭吊,投瓶江心取圣水,圣水出瓶,甘霖降落的神奇,感叹龙女"润泽生民,为天下国家利物利事","于桑梓有深望焉"。

胡尧臣著《圣水寺灵异志》

《圣水寺灵异志》给以龙名世的铜梁增添了几缕神秘色彩，加深了龙文化历史的厚度。

胡尧臣在安居历史上，还创下了另一个史无前例：安居复置县以后，首开先河，捧得进士桂冠。那是明嘉靖二十六年（1547年），他因此拥有"黄甲开先"的美誉，具有里程碑的意义和榜样的作用，激励着一代代读书人奋然前行。

他从此步入仕途，授大理寺评事，正七品，审核决断刑事案件。上任伊始，就遇到一个案子，榨油坊老板扭送一人，来到公堂，声称人赃俱获，并把卖油的钱囊，送到案头，说这钱，是卖油时，一个一个收的。被扭送者气势如虹，面无愧色，言及钱币是祖产，存放家中多年，也递上状子，告油老板入室抢劫，诬陷良民，求青天老爷做主。

胡尧臣看过双方起诉状，解开钱袋，将钱币叮叮当当倒在桌上，喝令打水来，将钱币捧进水里，水面马上就浮起一点点黄色的悬浮物，这是菜油。胡尧臣指着窃贼，一声断喝：大胆窃贼，还不从实招来？那贼双腿一软，扑通跪下，认罪服法。不到一个时辰，就巧断一桩公案，下属们佩服得五体投地。

胡尧臣判案，可不是都那么干脆利落，尤其是遇到命案，手中的笔重如千钧，提起又放下，不忍判死罪，总是斟酌再三，为死囚寻找活路，竭力避免不适当处死，给自己和判死者留下遗恨，实在找不到，这才释然。由于他有仁心，执法公正，他的仕途变得顺利，不多久，就升任浙江佥事，正五品。

胡尧臣遇事有主见，有胆识，绝不因为乌纱帽难得，就见风使舵，随波逐流，而是有胆有谋，敢于亮剑，勇于担当。

在浙江任上，胡尧臣遇上一件事情：总督胡宗宪要将海瑞斩首。这是因为海瑞打了他的宝贝儿子，还当众羞辱总督，让他老脸没处放。胡宗宪儿子狐假虎威，仗着总督老子的权势横行无忌，路过淳安县，觉得驿站伺候不周到，竟然吊打驿卒，打砸驿站。海瑞令捕快拿下，狠狠揍了胡衙内。胡衙内不服，还拿老爹做挡箭牌，海瑞不吃这一套，命令再揍，直揍得他说不出话来，又像捆粽子一样捆绑着，送进总督府。海瑞当众禀告总督：抓到一个冒充您儿子的坏蛋，交给总督大人发落。总督大人为官清正，修身齐家，教子有方，哪会有这样的孽种？

胡宗宪见儿子满身血污，已是心痛得要死，而海瑞的奚落嘲弄，让他颜面无存，怒火万丈，但是，在大庭广众面前，只能隐忍，于是，他跟海瑞结下死仇。

胡宗宪罗织罪名，抓捕海瑞，处以死刑，消息传出，人们都知道是公报私仇，却没人敢反对，海瑞只有一死。

胡尧臣得到消息，匆匆赶进总督府。一笔写个胡字，两人有同宗之谊，平时就走得近，胡尧臣说话，胡宗宪听得进。胡尧臣说：海瑞是有名的清官，名声传得很响很远。他耿直，按制度办事，不看上司眼色，古来最好的官员也就他这样子。你杀了他，是成全了他，海瑞从此流芳百世，而你就留下了千古骂名，上愧对祖宗，下殃及子孙，万万做不得！胡宗宪觉得言之有理，只好强压心头之火。

不久，因为平定江天祥祸乱有功，胡尧臣擢升湖广参议摄兵备，又擒杀巨盗赵朝胜，再度升迁，到了浙江布政使任上。海寇汪直招集倭寇，联舟岛屿，勾结内地奸民，沿海为患。胡尧臣巧计讨伐，倭患平息，拜副都御史，不久升任河南巡抚。

在河南任上，胡尧臣干了一件别人想干却不敢干的惊天动地的大事。

朱典楧，明朝第七代伊王，仰仗天潢贵胄血统，从嘉靖二十三年（1544年）承袭爵位起，飞扬跋扈，为所欲为长达二十二年：对当地官员，欺压辱骂；对下属，残暴凶狠；折辱缙绅大夫，鞭挞朝臣，羞辱路过洛阳的朝廷官员；横行洛阳，强抢民宅，勒索富商，抓壮丁，做苦力，多达一千多人，强抢民女，四百余口；更为丧尽天良的是将城中七百多个十二岁以上女子劫到府中，姿容秀丽的留下，不漂亮的，命家人拿银子赎回，甚至直接投于虎圈之中。洛阳城鸡飞狗跳，怨声盈天。嘉靖帝朱厚熜派锦衣卫到洛阳调查，确认事情属实，却没有削去朱典楧的爵位，只是命他释放被囚女子，拆掉那些僭越的建筑，并罚他三年俸禄。朱典槾怙恶不悛，公然抗旨。

胡尧臣走马上任，朱典槾根本不把他放在眼里，依旧为所欲为，横行无忌。胡尧臣决心为民除害。他有胆有识，与新到任的河南巡按御史结成同盟，共商讨贼大计。他们兵分四路：一是掌握确凿罪证，上奏章求得尚方宝剑；二是封锁消息，打掉伊王耳目；三是严守洛阳各大路口，防止伊王流窜；四是圣旨一到，霹雳行动。奏章通过内阁首辅徐阶转呈到皇帝案头。朱典槾公然抗旨，劣迹斑斑，洛阳鸡犬不宁，天怨人怒，皇上极其震怒，命胡尧臣以抗旨等十大罪状严办。圣旨一到，胡尧臣迅速查抄伊王府，伊王被贬为庶人囚禁大牢，被囚禁妇女得以还家，骨肉团圆，被强占的财物，物归原主。洛阳云开日出，欢声震天。百姓敲锣打鼓，抬着木匾，敬赠巡抚大人，匾上写着四个大字：古道清风。

伊王被废，震慑了朱姓王室贵胄胡作非为之徒，兔死狐悲，他们对胡尧臣恨得咬牙切齿，不断罗织罪名，欲除之而后快。江湖险恶，胡尧臣觉出情势不妥，辞官还乡。

回到安居，他深居简出，寄情林泉，游览赏景，和乡邻吟风弄月，安度时光，为人谨慎、厚道、庄重，人称"石屏先生"。

胡尧臣《波仑寺记》

三
王家衙门的梦想和奇迹

从会龙桥走往火神庙，石板街依山势向上蜿蜒，徒步到半山腰，一座牌坊横跨街面，"科甲坊"三个大字赫然在目。

科甲坊记录的是安居王氏家族的辉煌史：从明朝宣德九年（1434年）至清朝光绪末期，王氏家族出进士六名、入翰林四位、中举二十人、贡生四十二个，官拜二品者三、三品者二、四品者四、五品者五、六品者四、七品者八。由于做官的多，安居人把原名天官邸的王翰林院直呼为王家大衙门。

《铜梁县志》和《铜梁王翰林家谱》互为印证，安居王氏最先崭露头角的是王家入川的第六代传人王俭和王億。这哥俩为同科进士，哥哥王俭官至湖广巡抚，王億做了按察副使。到了康乾时期，王家的第十二代传人王恕中进士、入翰林，官至福建巡抚，他的儿子王汝嘉、王汝璧相继考中进士，王汝璧官至安徽巡抚，王汝嘉做翰林院编修。"一门六进士，两朝四翰林"的佳话传颂至今。

王家除了攻书的优秀、作官的显赫，还有文学艺术的辉煌：王恕的《楼山诗集》珍藏于国家图书馆，其子王汝璧所著《铜梁山人诗集》收入《续修四库全书·别集》，王氏入川的十六代传人王瓘是清朝著名金石学家、书画家，为《北魏张猛龙碑》题跋，写下极有见地的品鉴文字。当今，王氏的后代子孙在农桑、机器制造、地质勘探、航空航天、金融、医疗、政界、教育界成绩斐然,佼佼悦目。

铜梁历史上出过兵部尚书、工部尚书、礼部右侍郎等高官,却没有谁能挣脱富贵难三代的魔咒,唯有安居王氏人才辈出,五百年生生不已,奥秘在哪里呢?

常在安居行走,与王翰林院总是失之交臂,早就听说那是风水宝地,背倚化龙青山,面临琼、涪江水,乌木溪从家门前淌过,有"三玉带绕宅,千客商拱手"的奇观。王翰林府邸四合院布局,三重三进,朝门、前庭、正房、后院以天井相连,两边厢房也有天井沟通,院中有院、廊坊、花园映衬,石级、平台交替,石栏、木柱环绕,古香古色,典雅庄重。

为一探奥秘,我这次直奔而去,相逢一笑,契阔平生。

可惜来晚了!王翰林院早已拆损,后院幸存,也是破败荒芜,青苔漫上木壁,杂草招摇墙头,憔悴损,而今有谁堪折?昔日的显赫早被雨打风吹去,唯有那深褐色的廊柱屋檐默默诉说着尘封的往事。

元朝末年,天下大乱。刘福通、徐寿辉、陈友谅、朱元璋相继起事,黄河流域、长江流域征战杀伐,血流成河,陈友谅杀了徐寿辉,自立为帝,义军首领明玉珍不服,挺进蜀中,自成一统,在重庆建立大夏国,兴文教,薄税敛,不对外用兵,巴山蜀

安居王翰林院一角

《铜梁安居王翰林家谱》残页

水传出小康美名，湖广百姓躲避战乱，抛弃故乡，远奔而来。太原王氏的后代王德昇，为了隐藏元朝显贵的身份，摆脱被新王朝清算的命运，拖家带口，从江西分宁（今修水）转道湖北麻城，直奔四川，"移居重庆府铜梁县属之大深沟"，成为第一代移民。

大深沟荒无人烟，拱木成林，杂草丛生。王德昇插标圈地三百余亩，率领儿子王胜宗和家人春种秋收，生息繁衍，经过几代人的艰辛耕作，把荒野变成了米粮川。

大深沟离安居十余里。王德昇远离场镇，不是让子孙两腿插进泥土，种地为生，而是耕读传家，身在僻壤，梦在远方。他有四个孙子，唯有四孙仲亨聪颖，就着意培养。王仲亨成人后，知书尚礼，疏财仗义：有乡邻挨饿，就开仓接济；没钱结婚的，助其花好月圆；欺负弱小的，以理劝说。乡人敬他、服他，他一出面，就没有摆不平的事。积善之家，必有余庆。王仲亨的后代成长顺利。在子辈中,他发现外甥纲儿聪颖不凡,就接来家中养育,取名王纲,送读乡学,悉心培养。永乐年间,纲儿被县里推荐考进士,然后,赴巴东任训导,负责教育事务。这时,王仲亨又发现,四儿子王俭年纪虽小,却有早慧,便送去巴东,托付给外甥。王纲报恩舅父,自然尽心竭力,助表弟茁壮成长。

明朝正统四年(1439年),王俭、王億哥俩突兀而起,高中进士,弟弟官至湖广按察副使,哥哥王俭首任河间府知府,而后跃升湖广巡抚,成为封疆大吏。

从《明实录》可知,王俭为官,恪尽职守,惩贪爱民,廉洁正直。王俭以后,虽然间或有子孙中举入仕,但都沉潜无声。为了重现祖先的辉煌,王家入川第十代传人王珙拟出《王氏祖训》,教诲子孙:

以道德品行为立身根本,把友爱兄弟姐妹放在首位,效法先杰善行义举,敬畏圣贤警世名言,不欺负弱者,不凌驾尊长,不徇私情,永葆家族人丁兴旺,祥瑞长久。

好的家教是拼爹。在育人的语境下,拼爹不是官二代、富二代的血统遗传与坐吃山空,不是拉大旗作虎皮,横行乡里,而是比拼父辈的思想观念、处世方式,留下最宝贵的精神命脉，让儿孙奋发有为，出类拔萃；也不是要子孙刻意做官，光宗耀祖，而是有风骨，有担当，有一颗善良、敬畏之心。这样的家风，是留给后代的不动产，是一个家族的根本传承和繁盛之基，虽然看不见，摸不着，却能够渗透到子孙的骨血中，变为规矩，约束言行，影响到性格的形成，甚至成为命运的一部分。

王俭的曾孙王吉士，官居南宁知府，刚强耿直，嫉恶如仇，抨击"文官不爱名节而爱书帕（财礼），武官不爱士卒而爱金钱"，剥了龙鳞，被迫辞官还乡。祸不单行，家运衰落又逢天下大乱。清顺治三年（1646年）张献忠兵分五路，血洗四川，安居王氏和铜梁张、李、冷氏望族相约，逃去贵州高原，避难遵义，此一去山高路远，岁月漫漫，一直到四十三年后的康熙二十八年（1689年），终于结束流浪，重返安居。

故园满目凄凉，荒无人烟，荆棘塞道，狼追虎逐。王氏后裔再次插标占地：王吉士率三个儿子在鼓楼山、泥巴嘴、黑龙嘴、官斗山修房造屋，落地生根；他的侄子王谚率四个儿子插占青崖子、桂花台、五堡山重振旗鼓。兵荒马乱，颠沛流离，元气大伤，但是，各支系人丁兴旺，子孙读书已成风气，重振行囊，振翅云天的复兴大梦萦绕枕边。

王氏第十二代传人王恕，从他的高祖到祖父，三辈九男全都勤学苦读，考取了功名。前辈的格局，子孙的方向。最好的家教就是熏陶，耳濡目染，墨香四溢，书声琅琅。王家长辈对有潜质的孩子，悉心培养。王恕四岁时，祖父王瓒教他《三字经》。父亲在乡庠听课，也背他去。七岁时，祖父咳血而亡，王恕跟随伯父学习，伯母爱若己子，殷勤照顾。王恕天资聪慧，四岁能背古诗，九岁学作文，十岁时，文辞准确、优雅。勤苦读书，却因家贫，"不能继烛，夜燃竹自照"。竹光时明时灭，燃烧到竹节时，还会炸出声响，迸出火星，影响读书兴致，他索性跑去龙兴寺借读。伯父检查督促，即便是酷暑隆冬、疾病在身，也不松懈。父辈倾力培养有潜质的后代，是王氏祖训可贵的传承。长辈齐心，其利断金。家学是童子功，是奠定人生高度的基石，自然不同凡响。王恕十九岁考秀才，三场考试，蝉联第一。二十一岁，考中全省第十名举人，他乘势而上，进京赶考，却一连五次名落孙山，同龄的考生都已功成名就，大儿子王汝舟也长成翩翩少年，二十余年的寒窗苦读似乎全被雨打风吹去！他写诗叹息：猛觉光阴如过客，可堪四十竟无闻？精神的折磨，已经不堪重负；家财的耗费，时常抱愧于心，可是，家族的厚望、功名的诱惑，只有锲而不舍，只能坚韧前行！第六次赶赴会试，王恕终于金榜题名，中第三甲第八十二名进士，又蒙受皇恩，被康熙大帝破格选入翰林院。

不惑之龄才摆脱科举之累，头上的乌纱帽来之不易，王恕格外珍惜。他践行祖训，以道德品质立身，作风朴实，清廉勤恳，把清新之风吹进了浊气弥漫的官场。他负责江安的粮食运输，上任伊始，周密勘察，摸清积弊。尽管有心理准备，问题还是多得让他瞠目结舌。靠山吃山，运粮吃粮，大小硕鼠暗中牟利诡计多端：收粮拖延，利用晨昏光线阴暗短斤少两；浮报损耗，截留私用；苛验米色，压级压价；私卖皇粮，巧取豪夺；私设筛扬夫、抬粮夫，骗取工钱；另制仓斗，大斗进小斗出，中饱私囊……花样百出，触目惊心！他对症下药，选拔人才，堵住漏洞，严格执法，赏罚分明，惩奸邪，济灾民，江安漕挽风清气正，他因此连续十次获得加级的奖赏，荣升任广东按察使。

按察使主管刑狱审案，事关人的生与死，王恕秉公断案，小心谨慎，清晨俯身案头，过午仍在琢磨，甚至挑灯夜战，黎明不休。助手和童奴困倦不已，躺床睡了，他还在灯下研墨批阅。王恕的努力得到了皇上的肯定，恩赐多岗位锻炼，在乾隆四年（1739年）九月，补授广东布政使，任上不满一年，就升为福建巡抚。他多次受到皇帝的召见，每一次都有赏赐：有貂皮、端砚，还有御赐书法、名贵药品。他的曾祖父、曾祖母和父亲、母亲也得到敕封。灿烂的阳光当头照耀，王恕惊喜，感动，似乎有些不适应。"圣恩深重，倍切悚惕矣！"他在《楼山省身录》中写下这行文字，提醒自己倍加勤恳和谨慎。

王恕为人宽厚，礼贤下士，士卒有过错从不鞭打，还主动揽责；下属家有危难，他安排探亲，还捐资送暖，执手码头，殷殷嘱告；陋巷访友，屏退左右，独自步行前往……

大凡为官，屁股一离交椅，即可瞅见人心。在任上作威作福，媚上压下，鱼肉百姓，离任就是送瘟神，咒骂之声鼎沸。王恕在离任江宁时，"官属、军民皆出郭饯送，甚有攀舆泣下者"。离开广东任时，"官民相送如江宁"。这是因为他为官不忘初心，清廉竭尽忠诚。一颗真诚的心是万能的金钥匙，官民也以真心回报。

官场不只是琼花献瑞，赏心悦目，也不只是波仑捧月，皎洁圆满，官场如琼、涪奔流，时常掀起不测的波澜。王恕为官二十年，有春风得意，也有险象环生：湖北督粮，船民走私食盐，被人举报，王恕以"失察罪"，遭到革职。那年头，食盐是民生必需品，是重要税源，也是国家严格控制的物品，走私贩卖重则杀头，官员失职处分也重。也许是王恕心怀坦荡、敢于担当，一年之后，他又仰承天恩，官食原职。

第二次也是失察。福建主持乡试，武生邱鹏飞请枪手代考《五经》，独占鳌头，引起怀疑，查有实据。王恕被吏部降级使用，但乾隆不忍，改为留任。

好风凭借力，送我上青云。王恕出任福建巡抚，登上仕途顶峰，那年，他六十岁，经验丰富，大展宏图：调潮粮济台湾，给饥民送去及时雨；惩治奸蠹，淳化风俗，减赋税，轻徭役，社会欣欣向荣；鼓励垦荒，发展生产，建社仓征收余粮；兴教育，征学租，人文蔚起。福建政通人和，百姓安居乐业。龙颜大悦，御赐奖赏：有精神的，书法艺术；也有物质的，佳肴美味。

王恕政绩显著，风头正盛，却是命压人头不奈何：他的顶头上司闽浙总督德沛授意删改供词，被人举报。王恕不能辩白，不能推诿，只能代人受过，承担责任，因为，德沛是爱新觉罗·和简亲王福存的第八子，皇亲国戚，一品大员，纯正的满族血统，是主子，天下都是人家的，一个汉族官员不过是护院家丁，要看主子眼色行事，你敢妄议上峰，说是受他指使？

文过饰非，删改供词是重罪。王恕"奉旨解职"、"赴京候旨"，打落牙齿和血吞，辞别夫人，他痛感前路迷茫，心情极其苦闷，却极力作解脱语："我欲还朝君欲老，从今身世两悠悠。"而今好了，我和世俗相距遥远，无所谓了，该来的就来吧。不想让夫人过度担忧，有多少话欲说还休？

在王恕被撤职、问罪，遭遇重创之时，福州"绅士吏民、两营将卒争道泣送"，用温情的手指抚摸心灵的伤痛，用哭别的眼泪表达难舍的深情。王恕感动不已，写诗抒怀：

瓣香杯酒万里啼，相送行人西复西。
漫道使君唯饮水，熏风十里醉如泥。

醉里乾坤大，毕竟醒时日月长啊！无奈、苦闷、痛苦和悲伤淤积于心，折磨他，摧残他，吞噬他，生命因此埋下隐患，尽管乾隆皇帝查清了原因，召见他时"天颜甚霁"，没有责备和训斥，但是，职务降了，名声臭了，这个打击对于一个忠廉勤恳、奋发有为的老臣，是致命的。一个月后，王恕撒手人寰，猝死在浙江

王翰林院曲廊

布政使任上，年仅六十岁！

　　三朝老臣，廿年高官，唯有清廉留世。昔日的繁华随风飘逝，只剩下门前冷落车马稀的凋零。

　　王恕所著《楼山省身录》检查自己的言行，记录一生大事，详细记录了学识成长和科考成名的曲折经历以及仕宦历程，对康乾时的江南漕运、粤东司法和福建政事做了详细记载，是研究康乾社会的珍贵文献。书中记载父母的文字不多，字字带血；写交友用语极简，笔端含情；对妻儿惜墨如金，就连花甲之年老来得子的欣喜，仅用"六子闽生生"五字表达。六子是常熟陆氏所生，闽生是王汝璧的乳名，带有强烈的地域色彩。

王恕著《楼山省身录》

　　勤恳为官，忠廉执政。王恕的全副身心扑在政事上，对父母妻儿照顾很少。老来得子，王恕欣喜无限，对小儿子的疼、爱、宠不必言说，可惜，仅仅一年，就带着万般不舍，撒手人寰，让孀妻弱子吞食人生的悲凉。

　　梁柱坍塌，大厦已倾，陆氏，一个江南弱女子，面对命运的疾风暴雨，挺起了坚毅的脊梁。她带着五岁的大儿子王汝嘉和刚满周岁的王汝璧，扶送亡人灵柩回老家安葬。离乡背井，孀居在陌生的安居，独自抚养遗孤。

　　成年后，王汝璧回忆这段日子，心情依旧很不平静。他在《长水集自序》中写道："甫晬（周岁）而孤，依母存活，衣食给于针黹，织纴以供铅椠（椠，灯架），每期出就外傅，夜归，坐纺车侧背诵经书，青檠荧然，寒影相昫，茹荼集蓼，十有八年。"

　　封疆大吏家无长物，陆氏以柔弱的双肩拉着生活的纤绳低头前行。本来，王恕家境殷实，可是，王恕在老父王邦宁辞世，回安居丁忧尽孝时，遵照先父遗训："一旦地位显贵，捐出义田三百亩，用于资助贫困族人和乡邻。"当时，他没有犹豫，因为，仅靠俸禄，足以让一家人过上体面的生活。谁知，人生无常，家财断流，愁苦困顿！一个寡妇带着两个嗷嗷待哺的孩子窘迫生活，王恕九泉有知，该作何感慨？"依母存活"含泪带血，字字千钧！没有母亲，儿子就失去生存的希望。母亲出生于江南名门，父疼母爱，生活在蜜罐里，哪里吃过这样的苦。穿针引线，不为衣着打扮，而为儿子御饥寒；手摇纺车，不因孀居难眠，而为等待孩子就学归来；青灯寒影，不为寂寞孤苦，而为陪伴孩儿夜读。日复一日，年复一年，红颜熬成槁木，青丝盼到头白，陆氏，江南大家闺秀，用滴水穿石的韧性，用绵绵不尽的母爱，托起了儿子奔赴远方的梦。

二十年后，王汝嘉、王汝璧已成当地青年才俊，陆氏松了一口气，带着孩子回到江南，为王汝璧完婚——王恕在世时，给王汝璧订了娃娃亲，儿媳妇是刑部尚书、江南大儒钱陈群的小千金，而今，孩子已到婚配之龄，桃之夭夭，灼灼其华，江南月正圆。

钱陈群和王恕同为康熙六十年（1721年）进士、翰林院庶吉士，师出同门，关系亲密。当陆氏怀上王汝璧，钱陈群的夫人也有了身孕，两人指腹为婚，关系拉得更近，可是，王恕猝死，陆氏带孩子回了安居，两家相距几千里，社会地位也是天壤之别。而今，钱陈群是天子红人，乾隆下江南，就住他家，真如鲜花着锦，烈火烹油，要风得风，要雨得雨。物是人非，好事能办成吗？陆氏心里没底。

故交妻儿自远方来，钱陈群的心绪很复杂：他惊喜，见到他们就如见故人，心里漾起温馨的感动；也有感叹，叹年华飞逝，岁月无情，幼辈成人，己身已老；却也心怀忐忑，虽有儿女婚约，但是，失去了父亲调教的汝璧配得上宝贝女儿吗？

第一印象不错！记忆中痛失父亲号啕大哭的小孩，已长成翩翩公子，英气逼人，可是，外表好看有什么用。钱陈群的女婿要学富五车，才高八斗。他不动声色，交流闲聊，把话题引到学业上。汝嘉、汝璧如数家珍谈吐从容，从四书五经到唐诗宋词，拉开话题就滔滔不绝，时间悄悄过去。钱陈群发现王恕这两个儿子天资聪颖，天赋异禀，儒雅稳重，再加调教，可成大才！有子如此，王恕尽可欣慰长眠矣！钱陈群大喜过望，眉飞色舞，笑了。笑声如一股春风，把陆氏心中的愁云荡涤得干干净净。于是，欢乐一个接一个扑来，钱陈群选择吉期，招婿入赘，又安排购房，送给亲家母子居住，还掏银子保障生活日常。

钱陈群一心要栽培这两个孩子。他亲自教导王汝嘉，提升学识才华，又把女婿王汝璧引荐给沈德潜。沈德潜是天子词臣、诗人和著名学者，对诗歌见解犀利。他的《古诗源》《唐诗别裁》等著作流传甚广，影响巨大。入赘妻家六年，王汝璧站在巨人肩上，学问和诗艺大为精进。洪梧《铜梁山人诗集·序》写道："弱冠所为诗，每一篇出，辄为钱陈群激赏，时有'快婿清才'之目……通籍后，与程晋芳、钱沣联会赋诗，时称作手。"

六载跋涉攀越，六年磨刀擦枪，立马科场，王汝璧已经读破万卷，应考如有神助。二十六岁，他金榜题名，和父亲相比，提前十五年实现了人生梦想。王汝嘉考中乾隆壬辰科进士，授翰林院检讨，钦命敕修《四库全书》。一门三进士，父子两翰林。王氏家族由此走向鼎盛，成为延续上百年的"蜀中硕望"。鲜衣怒马，看不尽的烈焰繁花：王恕的弟弟王慧，儿子汝舟、汝楫、汝诣、汝彭，侄子汝晋，孙子王庚，侄孙王卓先后考取功名，在朝为官；玄孙王瑾由举人官江苏道员。乾隆三十五年（1770年），王汝嘉、王汝璧兄弟齐心协力，将建于明朝的安居老院子扩修为三层进深的厅堂、花园、廊坊，配上朝门，围上风火墙，成为前临乌木溪、后靠文庙坡的豪华宅院。

乾隆三十一年（1766年），王汝璧步入仕途，授吏部主事，正六品，起点高过父亲，五年后升任员外郎，又四年，升礼部郎中，又四月，补吏部郎中。乾隆四十八年（1783年）八月，授直隶顺德府知府，次年调任保定知府，第二年，跃升直隶大名道（清代省以下、府以上行政区域名）道台，正四品。王汝璧风生水起，官运亨通。

乾隆五十五年（1790年），王汝璧因办理劫掠案不及时，交上霉运，革职并发往军台效力。"军台"是政府的邮驿，设在新疆、蒙古，专管军报和文书传递。那一带不是连天荒漠，就是狂风冰雪。这哪是效力，简直是赴死。不过，皇帝怜爱其才，把他降为知府同知，闲居一年，东山再起，升为正定府知府，经此挫折，他对朝廷更是小心尽职，忠心耿耿。此后，他历任山东按察使、江苏布政使、江苏巡抚、安徽巡抚、内阁学士、礼部侍郎、兵部侍郎，嘉庆十年（1805年）升刑部右侍郎，同年夏，奉命出使河南，途中酷暑，致双目失明，因病乞休，嘉庆十一年（1806年），长眠于京邸。

安居王恕家族影响遍及巴山蜀水。

清朝四川学使潘光藻在《重修安居乡儒学记》里这样写道："前中丞楼山王氏，父子、兄弟联翩翰林，出领封疆，文章勋业，炳耀当代，如江河行地、日月经天。"

潘学使揭示了王恕家族长盛不衰的秘密：仕宦十年荣，文章千古秀。精神遗产超越时空，具有永恒的魅力。对于王氏子孙来说，《楼山省身录》是爱岗敬业、孝悌友朋的庭训教材，而《楼山诗集》《铜梁山人诗集》《铜梁山人词集》和王瓘书画，则是涵养生命、陶冶情怀的传家宝。阅读祖辈的遗著，瞻仰先人的墨宝，温馨、自豪、感动来自生命的上源，对后人起积极引导、正向托举的作用。血浓于水，情重于山，祖先福荫深厚，子孙生命富足，向上提升比普通人更快捷，更显著。

《楼山诗集》六卷，三百四十余首，古风和格律诗兼具，而以五言律诗居多，写得最好。王恕为官二十年，外出公干，写景记游，以沿途风光，寄闲情雅兴。由于官运亨通，又身处康乾盛世，他的诗以抒发轻松愉快、悠闲自在的情感居多，也不乏归隐的念头和人生易老的感慨，但那只是一闪念。王恕"诗主盛唐"

"溯骚、颂以达少陵",诗歌意境优美,以富于艺术想象和饱满鲜活的情感见长,不事雕琢,晶莹透彻,四照玲珑,清新晓畅,灵秀诱人。

王汝璧幼年丧父,生活清苦,这样的人生经历给他的诗歌抹上悲凉的底色,所以,二十岁前的诗"多羁苦愁恨之音"(《铜梁山人诗集·长水集自序》)。他的作品题材广泛,类型多样,而以写景抒情诗为多,质量最高。诗作歌颂升平景象,同情百姓疾苦,伤感自身遭际,情真意切,情景交融,感人至深。王汝璧词作多咏物,吟咏花草树木、气候物象,托物寄兴,善用比喻,抒发一己心境,有非凡的才气,典雅清空,"格高意远,为蜀大宗"(转引自《四川历代文化名人辞典 561 页》),在巴蜀古代文学中占有重要地位。

王瑾擅长鉴别古董,富于收藏,其山水画苍润雄浑,书法遒劲豪放,可惜传世不多。

王恕及子孙的文艺作品,给家族增添了别样的色彩和品位,使得安居王氏具有了超越时空的魅力。

清朝末年,废科举,兴学堂,安居王氏各支系依旧遵循耕读传家祖训,为一方百姓仰望。民国初年,境内匪患蜂起,绑票勒索层出不穷,军阀割据,征粮派款。民国九年(1920年)七易驻军,九易知事;民国十二年(1923年),十易驻军,十二易知事。城头变幻大王旗,拉夫筹款刮地皮。田房价值低落,田赋年年预征,民国十八年(1929年)竟然预征到民国三十二年(1943年),军阀开着清单勒索,穷苦人啼饥号寒,有钱人勒紧裤带,民间经济的血液几乎全被榨干。北伐成功之后,民间休养生息刚刚缓过气来,抗日打鬼子,解放战争,安居王家在时代的大潮中风雨飘摇,一代不如一代,到了一九四九年前夕,已是破落地主。尽管如此,耕读传家一如既往。王家的长工干活累,吃干饭,主人吃稀饭;王家来了贵客,吃肉,限量拈三筷子,省钱供儿孙读书。"王稀饭""王三筷"成为安居人茶余饭后的谈资。

王氏后代努力践行《王氏祖训》,友爱兄弟姐妹不遗余力。

王氏第十七代传人王于尧，是新中国养蚕、缫丝和织绸专家，自家日子滋润，也心系骨肉同胞。长兄如父，挑起振兴家族的重担。他资助二弟王培华、三弟王之一、五弟王培德读书。三个弟弟分别毕业于重庆大学、西南军政大学和北京地质学院，成长为总工程师、资深编辑和地质专家。尤其是王培德，新中国北京地质学院最早毕业的大学生，响应号召，到最艰苦的西北地质局工作，是找矿队的业务尖子，和队友一起发现了黑鹰山富铁矿，为酒泉钢铁公司提供了重要矿源。

改革开放，高考恢复，不拘一格选人才。安居王氏有的远渡重洋，留学异邦；也有的在工程技术、在管理岗位崭露头角；更多的是执教杏坛，乐育英才。他们的身上流淌着不甘平庸的血液，他们的枕畔有诗与远方。践行祖训，感怀祖先的奋斗与辉煌，记住来路和归程，执着地努力，坚韧地前行。也许，在遥远的天地之交，在奇峰入云的高处，将会有惊雷炸响，奇迹闪光！

历史绕了一个大圈，回到原点。王翰林院又撑起了安居的骄傲。院落虽然残破，却是历史见证；窗棂虽然黝黑，却是真正的古迹；回廊虽然斑驳，却是千金难买。新换的廊柱没刷漆，一看就是上好的木材，装饰一新的屋子，光线充足，飘着醉人的清香。政府修旧如旧，蒙尘丽人就要释放出古典的光芒。

这是对历史的正视，对常识的尊重，知识改变命运，德才辉煌人生，有这样的尊重和认同，不仅王氏家族，安居所有的后代子孙，只要怀揣梦想行走远方，都能创造惊人的奇迹！

（此文经王氏十七代传人王宁校阅）

附：王瑾书法作品

王瑾（1847—?），字孝禹，又作孝玉。清末举人，官至江苏道员，工篆刻、隶书，兼有邓石如、赵之谦、扬沂孙诸家之长，所作山水苍浑秀润，颇见功力，多得力于娄东二王，并擅长篆刻，精鉴别，富收藏，时以金石、书法名于世，为清光绪时重庆籍书家之佼佼者，名重一时。近代出版的《中国书法》"篆书概述"中对王瓘篆体书法的评点是："横粗直细，阔肩长足，媚气扬溢，篆法荡然矣。"宣统元年（1909年）王瓘尝作《白门送别图》《清画家诗史》《益州书画录》。他收藏有明《张猛龙碑》拓本，帖是从该拓本中选择字口无损的字编制而成。王瓘在帖跋中曰："《张猛龙碑》书体雄秀俊伟，元魏碑刻中，固当首屈一指。经国朝包安吴先生表扬推许后，尤煊赫于世。"据史料记载，王瓘墨迹传世甚少，不为世人所知。

王瓘书法

王孝禹先生幼年聰穎工於篆學自通籍後書法超摹令人欽佩至於前明李懷麓過肥文徵仲過弱其餘諸家疆以絲力揣拉皆未有能屈精華者至趙寒山父子則俗韻逼人不可嚮邇通篆法之披靡至斯極矣余嘗說篆法有三要一曰圓二曰瘦三曰紊差乃勁瘦乃腴紊差乃整齊三者失其一奴書捺緩在手徒心不諭篆書之聖不可攀仰斯喜妙

蹟亦復沉淪惟李少溫追史籀下足為篆學中權更難得矣適有筱蓬觀察賻得此聯輾轉審視真佳品也爰贅數言以誌欣幸云耳 辛亥仲秋月上澣 華世奎跋

光緒壬寅季春 孝禹王瓘

四
中华名师吴鸿恩

安居后河街三十八号,有一座和王翰林院比邻的清朝四合院,这是吴氏宗祠,清朝著名教育家吴鸿恩的故居。

吴鸿恩,字春海,号泽民,生于一八二九年,卒于一九〇三年,终年七十四岁。他出身书香门第,父亲饱读诗书,母亲出身名门,外公曾毓璜道光三年(1823年)进士,舅舅曾可传廪贡生,主讲永川锦云书院。父母的熏陶,外公的教诲,使吴鸿恩自幼受到良好教育。少年求学琼江书院,读书过目不忘,还学得一手好字。成年后,他生性仁厚,好学不厌,曾经有三年时间不出书房。三十二岁那年,吴鸿恩考中进士二甲第六名。这个名次,为安居历代进士的翘楚,因为学业优异,被选进翰林院,授以编修和国史馆纂修职务。吴鸿恩名满京华,被聘为北京观

吴鸿恩雕像

吴鸿恩展览馆

  善堂讲席，一手书法遒劲潇洒，学生已经赞叹不已，开口一讲，旁征博引，妙语连珠，门生如坐春风如沐春雨。口碑传出，京城学子趋之若鹜，门庭座无虚席，最多时达数百人。门生立马科场，登甲第者众多，最为震撼的是光绪二年（1876年）丙子科殿试，状元、榜眼、探花都是吴鸿恩的弟子，京城轰动。吴鸿恩一夜醒来，名满天下。

  同治十年（1871年），吴鸿恩补山东道、云南监察御史，后任广西乐平知府，官拜四品，还没到岗，就得到父亲亡故的噩耗，便奉旨还乡守孝。按照规定，清朝官员居丧丁忧为时二十七个月，吃、住、睡都只能在父母坟前，在这期间，不得更换孝服，不得送礼赴宴，即使授课收徒也明令禁止。博学鸿儒、中国名师长时间待在荒郊野外与世隔绝，读书人聆听教诲而不得，岂不抱恨终身？地方官岂不罔顾民意，坐视人才浪费？

  当时，安居已经撤去县治，隶属铜梁。吴鸿恩回到老家，慕名求教者就络绎不绝，有的甚至撵到坟场，聆听教诲，言辞诚

第三章　人物传奇　95

恳，目光殷切。盛情难却，可是，忠孝难以两全！地方书院的学讲与不讲，吴鸿恩、民众和铜梁县政府都陷于两难。《铜梁县志》吴鸿恩词条有这样的记载："因父、母丧回乡守孝，被县聘执掌巴川、琼江书院。"在以孝治天下的大清王朝，县官这样做，是与朝廷对着干，冒天下之大不韪，难不成乌纱帽戴腻了？还是吴鸿恩吃了豹子胆，甘愿背负不忠不孝的骂名？从志书上看，地方官没遭受惩处，还津津乐道；吴鸿恩也没有抗旨，自豪与满足的心态跃然纸上。因为，他在《迁修琼江书院记》有这样的记载："光绪乙卯，奉讳由京归里，邑侯沈承斋刺史，聘掌巴、琼书院，从游者众。"在这件事背后，一定有民意、地方政府与朝廷的互动：百姓上书陈情，县衙转呈州府，州府表奏朝廷，上达天听，而皇上何尝不愿英才辈出，效力天下？四全其美，皆大欢喜，吴鸿恩的守孝得以变通，或者是受到特许，夺情起复，走出先父坟场的愁云惨雾，踩着悦耳的上课铃声，迎着一张张欢乐的笑脸和一双双求知目光，传中华文化的香火于天下。

名师效应很快产生：琼江书院集资兴工，修讲堂、斋舍，建亭台池苑，办学条件迅速改观，办学规模飞快扩大。课余饭后，花园曲径上，桥栏清池边，风华正茂的学子或轻歌曼舞，笑语飞扬，或凭栏远眺，临风抒怀，有了走出三峡，走向中国的壮志豪情。

光绪四年（1878年）春，吴鸿恩离开家乡书院，虽然不到三年的时间，却给铜梁教育带来深刻的影响，仅以科考为例，自那以后，仅仅十九年的时间，本地新产生进士和举人十五名。

吴鸿恩先后在山西太原、宁武、大同做知府。他正直清廉，在官场难以立足，良言进谏不被采纳，还处处碰壁，对仕途产生厌倦情绪，便辞官还乡。四川总督李秉恒闻讯，聘他执掌成都少城书院。

和胡尧臣、王俭、王恕家族比较，吴鸿恩的官阶和影响远不能及，但是，吴鸿恩乐育英才，门生弟子名满朝野，安居古贤们九泉有知，定当颔首赞许。

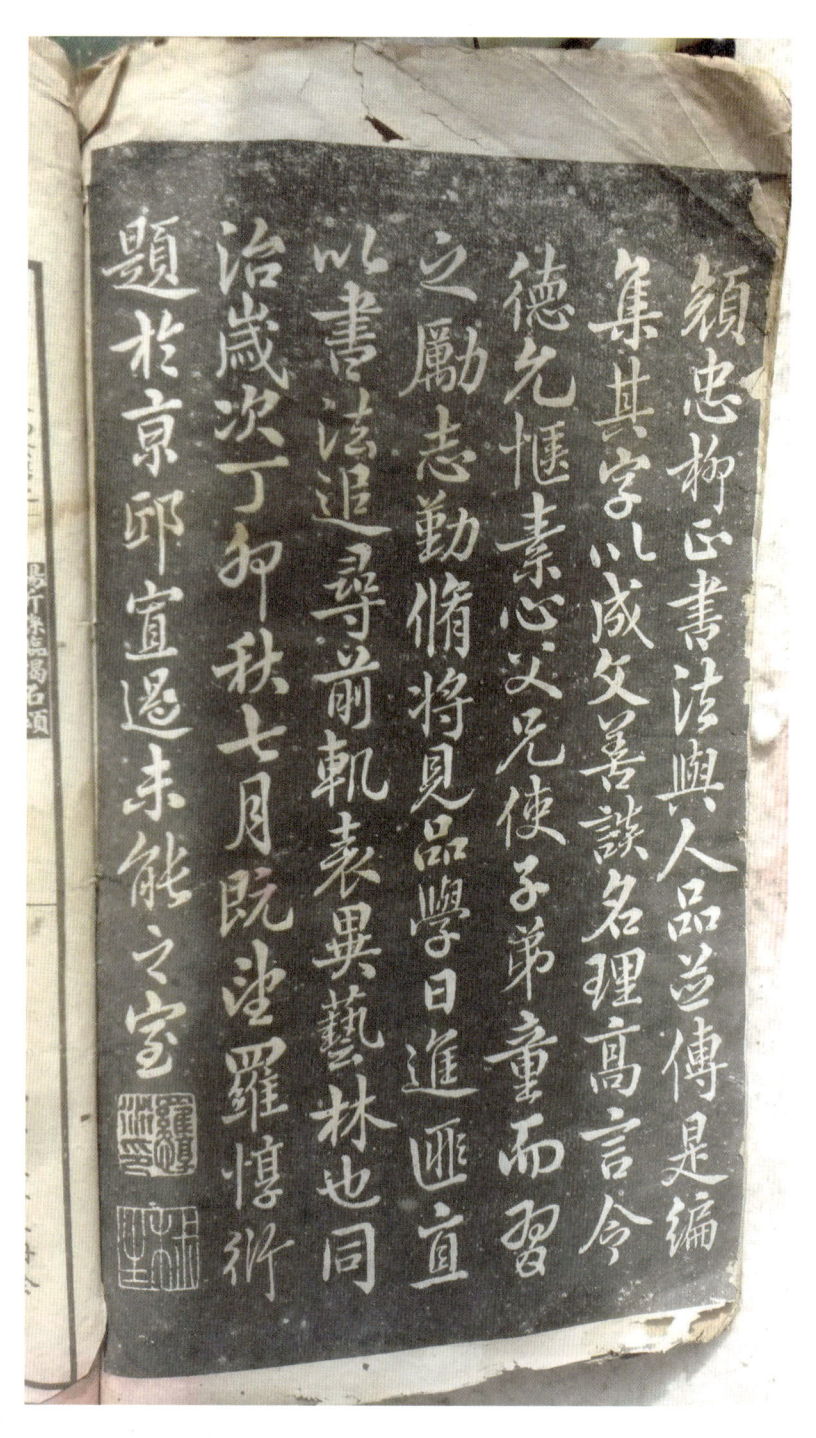

颜忠柳正书法兴人品並傳是编集其字以咸文善誩名理高言令德允悝素心父兄使子弟童而習之勵志勤脩将見品學日進匪宣以書法追尋前軌表異藝林也同治歲次丁卯秋七月既望羅惇衍題於京邸宜遏未能之室

吴鸿恩工书法，师二王、虞世南、欧阳询，点画丰腴，劲秀俊朗，是当时颇具影响力的书法家。

五
邱少云和樊家小面

古城西街有一个毫不起眼的樊家面馆，当年，二十一岁的邱少云曾在这里当幺师。

幺师就是跑堂打杂的店小二，客人来了，笑着迎上去，请进店门，带到座位上，殷勤擦拭桌凳，弯下腰，询问，然后，亮开嗓门吆喝：来了几位，坐在哪一席，吃什么，喝什么，以引起掌勺师傅的注意。

邱少云出生在安居下辖的关溅乡，是一个苦命的孩子：家有四兄弟，邱少云排行第二，因父母双亡，大哥邱东云过继给族

樊家面馆

人，三弟、四弟由伯父邱福山收养。邱少云从小就帮地主放牛割草，挑水推磨，一直在乡村下苦力。到安居古城做雇工，是邱明福引荐的。邱明福是邱少云的姑妈，又是樊家面馆老板樊树清二儿子的干妈，有这层特殊关系，邱少云来到了樊家面馆。

面馆面临西街，是安居最繁华热闹的地段，青楼、当铺、茶馆、饭馆、戏院、客栈一应俱全。从清晨到傍晚，人流熙来攘往，络绎不绝，船工纤夫、贩夫走卒、外地客商、本地老板，南腔北调，不绝于耳。一旁的茶馆座无虚席，锣鼓响起，胡琴拉起，那叫打玩友，一帮川剧票友粉墨登场，好戏开演。夜幕下，青楼里灯红酒绿，风中传来打情骂俏的笑声和浮浪淫靡的歌声。

这里是不夜城。

一大早，樊家面馆就开张了。进去的人，饥肠辘辘，脚步匆匆，急不可待；出来时，打着饱嗝，红光满面，心满意足。客堂云雾袅袅，座无虚席，人们稀里呼噜吃得香。食客的吃相各异其趣，有的挑起面条，仰头吹凉，"呼啦"一声呼进嘴里；有的呼呼地哈气，额头汗珠直冒；有的埋头苦干，吃得舌尖不住地伸缩。着长衫的、西装革履的都忘记了身份，顾不上形象，物我两忘，淋漓尽致。在门口等候的食客馋得不得了，不停地吞咽唾沫，焦急地排队等待。

生意兴隆，幺师在客堂里穿梭，一刻也不能闲着，虽然忙，邱少云很兴奋，也喜欢：不像乡下，日晒雨淋，面朝黄土背朝天；能吃香喝辣，面食、酒食吃得舒服开心；老板心善，从不骂人，虽然说没有工钱，已经是美上天堂了。于是，他跑堂，嗓门清脆，笑容亲切，腿脚灵便，天刚蒙蒙亮，就起了床，劈柴，洒扫店铺，然后，爬坡上坎，去江边挑水，挑满一口大水缸，到了夜晚，客人散去，备料，磨面，舂海椒、花椒、胡椒，杂活做完，喧嚣了一整天的街头渐渐平静。更夫敲着梆子，报告二更到来的信息。劳累到半夜，肚子也饿了，打幺台吃一碗面，那是常事。樊家面馆的小面是安居一道美食，顾客散尽，幺师可以客串厨师亲手煮面，犒劳自己。邱少云吃喝着，跳着锅边舞：抓起一把面条，丢进涨水锅中，伸筷子捞捞，看看火候，拿起一只碗，用开水烫了，搁在案板上，又把那汤勺在涨水浸泡一阵，然后，将那勺子飞快地在碗、盆中舀东舀西，将猪油、酱油、酸醋、蒜泥、姜汁、油辣子、胡椒粉、花椒面、炖豌豆、猪骨汤等各种调料依次舀进面碗里，手腕翻飞动作连贯一气呵成，又抄起水瓢，舀起半瓢凉水倒进面锅里，伸筷子捞起面条再看一看，眼见得锅里的水又翻涨了，赶紧丢进一把青菜叶子，在开水中一掸，急忙和面条一起捞起来，盛进碗中，又舀起半勺肉丝铺在面上，双手捧着，端进客堂。碗中之物色彩缤纷，黄的金黄，绿的翠绿，红的鲜红，一股香气随着人的走动四处飘散。他挑起面来，吹吹凉，呼哧一声吸进嘴里，感觉软滑柔韧，又麻又辣又香又鲜味道真纯，只吃得鼻尖冒烟，张嘴哈气，放下竹筷意犹未尽，端起碗来仰起脖子，咕嘟咕嘟喝干碗里的面汤，舒服地吐了一口气，两道汗水立即从面颊上滚落下来，一种惬意的感受迅速在全身蔓延开去……然后，洗漱，搬拢四张桌子，拼成一张床，铺上篾席，躺下累了一天的身子，枕着窗外喧嚣的市侩声，美美睡去。

四个月的学徒期满，老板给邱少云关饷了，那是实物折俸，一个月可以领取大米四十来斤，邱少云用口袋装着，扛回家去。回家路上，他幻想着有一天当起掌勺师，把小面煮得满街飘香。

《帮工岁月》

这是他生命中最自在的日子。多年以后，每当想着，总是会心一笑。

可惜好景不长，一年以后，邱少云患病了，面黄肌瘦，全身水肿。这副尊容吓坏食客，不适合做幺师，樊树清叮嘱他回家治病，身体好了，再回馆子。临行前，师母拿出亲手缝制的新棉袄，给他穿上，还给了一笔医药费。

不久，邱少云在关溅赶场，被抓了壮丁。再后来，在成都战役中随所在部队投诚，成为中国人民解放军中的一员。抗美援朝战争爆发后，他随部队入朝作战，因严守潜伏纪律，壮烈牺牲，成长为一级战斗英雄。

六
音乐大师刘雪庵

一个艺术家，他的作品获得广泛认同，无疑是人生快事。这位音乐家名列《大英百科全书》中的《世界名人辞典》。他的《长城谣》《何日君再来》《踏雪寻梅》《红豆词》等，都是中华音乐经典，唱红了几十位歌星，在东南亚、欧美各国的城镇和乡村流传了八十多年，魅力不减。

2005年11月25日。在中国国家图书馆音乐厅，刘雪庵百年诞辰纪念，紫红色的帷幕徐徐拉开。中国交响乐团少年合唱团的童音响起，《长城谣》旋律苍凉悲壮，扑入耳鼓。他的学生、亲友、同事、同乡和崇拜者，从中国台湾和香港、从北美、西欧齐聚北京，追思，缅怀。

青年刘雪庵

青年音乐家

1905年11月7日，刘雪庵出生在铜梁县城东门狮子坎盐店，家中有祖上传下的十几亩薄田。他是同父异母、雇农出身的熊氏所生长子，在男孩中排行第五，前面有两个哥哥和三个姐姐，后来又多了两个弟弟和两个妹妹。雪庵深得父母宠爱，童年充满鲜花与歌声。父亲是教师喜好音律，教他昆曲，吹箫抚琴。雪庵在父亲那里接受传统文化的教育，奠定了文学和历史的坚实基础。在小学里，他最喜听的是岳飞、文天祥、史可法的故事，爱祖国、爱民族成了他人生的主旋律。

一九一八年七月十八日，大祸从天降。巴川河发大水，雪庵的父亲因抢救公物不幸遇难。悲泪尚未擦干，更大的灾祸接连扑来：母亲、哥姐和妹妹相继染上肺病，惨别人世。雪上加霜，刚在铜梁中学读完初二的刘雪庵无奈地辍学了。他一边协助大嫂挣钱养家，一边自学音乐、习字和读古诗文。十七岁当小学音乐教师。十九岁时，家境稍有好转，他考入成都私立美术专科学校，学国画，并向留学日本、擅长音乐的李德培老师学钢琴、小提琴和作曲。在此期间，雪庵参加学生进步组织"导社"，以擅写爱国歌曲享誉蓉城。一九二六年，二十一岁的他回到铜梁，任私立养正中学校长，兼城立高等小学音乐教师和铜梁中学美术教师。"四一二反革命政变"后，共产党员周克明被追捕，刘雪庵将他改名王天府，安排在养正中学任体育教师。双十节纪念和抗日大会，提灯游行，刘校长带领学生穿军装，背木枪，高唱："东三省，我国土。日本人，强占去。牢记心头，一定要报仇。"一年后，他去上海深造，就读陈望道创办的上海私立中华艺术大学。学生家长感谢他教书育人，尽心尽力，各送一个银元，共一百元作旅费。入校后，刘雪庵参加了宋庆龄、鲁迅发起的"自由运动大联盟"。1931年初，考入当时中国最高音乐学府——上海国立音乐专科学校（简称上海国立音专），系统深入地学音乐，开始了音乐创作。

上海国立音专良师如云：校长是中国现代音乐之父肖友梅，在他的麾下聚集了天才横溢的中国音乐、词学大师，而且还聘请了世界知名的外籍教授。黄自、应尚能、李维宁、周叔安、赵伯海、朱英、龙榆生、易韦斋等，都是怀珠抱玉的国中翘楚。外籍教授齐尔品、查哈罗夫、苏石林、吕维钿夫人等，在国际乐坛早就起了亮出了不凡的英姿。

刘雪庵谦聪仁厚，潜心向学。他站在巨人肩上，眺望神州，激动的心弦拨响了壮怀激烈的乐章。

他的歌词《踏雪寻梅》，让国乐奠基人黄自爱不释手：

雪霁天晴朗，腊梅处处香。骑驴灞桥过，铃儿响叮当。好花采得供瓶养，伴我书生琴韵，共度好时光。

黄自特别喜爱雪庵的歌词，语言精炼、明白晓畅，深得宋词神韵，任裁一句都情意无限。在刘雪庵、贺绿汀、陈田鹤、江定仙四大弟子中，黄自教授对雪庵钟爱有加，师徒联袂创作《踏雪寻梅》，疯魔了中国乐坛，给中国音乐史留下了一段感人的佳话。

一双海水般湛蓝的眼睛兴奋地凝视刘雪庵。美籍俄人教师齐尔品读到刘雪庵的《飘零的落花》，情不自禁低声吟哦：

想当日，梢头独占一枝春，嫩绿嫣红何等媚人。不幸攀折无情手，未随流水转坠风尘。莫怀薄幸惹伤情，落花无主任飘零。可叹世人未解侬心苦，向谁去鸣咽诉不平？

老师的无私高尚，慧眼识才没有国界之分。得英才而教，助学生成功，是为人师者最大的幸福与快乐。当刘雪庵谱成《飘零的落花》之后。齐尔品伸出手来，为刘雪庵搭起走向国际的桥梁。他把刘雪庵的《飘零的落花》《早行乐》《采莲谣》《菊花黄》

名为"四歌曲",介绍到东京出版;把《布谷》《枫桥夜泊》《淮南民谣》名之为"三歌曲",介绍到巴黎出版。齐尔品又在著名的《音乐季刊》中发表了一篇《现代中国的音乐》。在文中特别称道:刘雪庵,一位很年轻的人,在他的钢琴作品、短歌及小曲中,表现出明显的中国风味,是一位极有前途的作曲家。

刘雪庵立于世界音乐的大舞台,才情喷发,依风长啸,艺术人生从此光芒四射。这一年,他二十九岁。

两年后,齐尔品更是喜出望外,刘雪庵实现了他的心愿,写出了中国风味浓郁的钢琴曲《中国组曲》。这支曲无论在内容、旋律、和声上,还是在钢琴织体、意境创造方面,都生动、准确而深刻地表现了独特的中国风味,扭转了当时的中国和日本作曲家过于崇尚西方古典浪漫音乐的倾向。齐尔品激动、欣慰又遗憾,《中国组曲》似乎来得晚了一些,没能像贺绿汀、江定仙、陈田鹤那样,在1934年的"中国风味钢琴曲"竞赛中获奖,但是,这支曲却具有里程碑的意义,是青年作曲家创作具有"中国风味"的第一件成功之作!为弥补遗憾,齐尔品热情介绍《中国组曲》到美国出版和世界各地演奏。

刘雪庵是中国当代作曲民族化、大众化的重要先行者和奠基人之一[①]。他的艺术风格是民族的、抒情的,上口有味,自然生动。在五声音阶的运用上,没有谁像他那样潇洒自如,无往而不妙!他的《春夜洛城闻笛》《飘零的落花》《踏雪寻梅》《红豆词》,闻之令人目眩神迷。刘雪庵的歌曲脍炙人口,流传中外,誉满全世界。

[①] 见中国文联出版社2002年3月第一版《刘雪庵作品选.序言》第3页第三自然段:"在当代,刘雪庵无疑是作曲民族化、大众化的一个重要的奠基人";又见《金铁霖在刘雪庵一百周年研讨会上的讲话》(该文收入《论刘雪庵》334页,该书由中国音乐学院刘雪庵课题组余峰主编)。金铁霖在讲话中说:"刘雪庵先生作为西洋音乐民族化的先行者之一,创作了我国第一首钢琴奏鸣曲《C大调小奏鸣曲》,第一首钢琴组曲《中国组曲》,第一首钢琴独奏曲《飞燕》,为中国民族音乐的发展做出了突出贡献。"

刘雪庵百周年纪念活动于2005年11月25、26日在北京举行,由中国音乐家协会、中国音乐史研究会、中国音乐学院、中央音乐学院、华东师范大学、苏州大学和重庆市铜梁县人民政府联合举办,金铁霖当时是中国音乐家协会副主席、中国音乐学院院长。

万里长城万里长

"九·一八"事变惊破了悠扬的抒情乐章，刘雪庵抛弃吟风弄月，发出铁与血的呐喊。他用高昂奋进的旋律，搅起长江大河的连天雪浪，唤起民众，鼓舞同胞，投身抗日救亡的时代洪流。

父送子，妻送郎，母亲送儿打东洋。刘雪庵以音乐做武器，谱写《出征别母》：

母亲回头见，母亲回头见，孩儿去了，请你莫眷恋！这次上前线，是为祖国战。杀敌誓争先，光荣信无限！战！战！战！

易水萧萧西风冷，满眼同胞血泪。他鼓舞杀敌，创作了《前进》：

前进！前进！前进！听号鼓声声，破敌人营阵。前进！前进！前进！为民族生存，宁敢惜命？杀贼，冲锋，决不后人！

刘雪庵任学生会主席，主导着上海音专学生抗日救亡活动，组织宣传队，到浦东演出募捐，支援东北义勇军和受难同胞。街头游行，声援北京"一二九"爱国运动。这时，日本钢琴家近卫秀磨访问上海音专，发表演讲。他仗着自己是日本首相的弟弟，会场又有日本特务壮胆，更加蔑视华人，大肆鼓吹"中日亲善"。会场气氛压抑，听众敢怒不敢言。刘雪庵义愤填膺，浑身是胆。他跃上讲台，控诉日寇侵略罪行。现场的中国人扬眉吐气，挺直了脊梁。

这里，值得一提的是，1933年，中央航空学校通过报纸向社会征集校歌，肖有梅、黄自等作评委。刘雪庵、贺绿汀、江定仙、陈田鹤等同学都精心创作，应征参赛。在众多应征稿件中，刘雪庵的作品脱颖而出，评为一等奖，获得200元现大洋奖励，并应该校邀请，做了一个学期的音乐教授。

刘雪庵用这笔奖金创办《战歌周刊》（后改名《战歌》），发表了贺绿汀、夏之秋、沙梅、陈田鹤、江定仙等人的抗日歌曲，推动了轰轰烈烈的抗日救亡群众歌咏运动。

刘雪庵还创作了《国家总动员》《民族至上》《空军军歌》《壮丁入伍歌》，号召民众把中华民族的利益置于最高地位，"工农兵学商，一起来救亡"！面对"财狼虎豹都没有这样凶恶的东洋强盗"，我们要源源不断补充新的壮丁，以"筑成新的长城"。他歌咏中国空军英勇杀敌，视死如归。

刘雪庵为桂永清《巾帼英雄》谱曲，深得桂的赏识，并引荐他进入国民党军事委员会政治部第三厅，任少将设计员，工作任务是继续办《战歌》。三厅聚集了当时中国文艺界的精英，单看音乐就有刘雪庵、冼星海、马思聪、张曙等大腕级人物。刘雪庵在此间非常活跃。

卢沟桥事变为抗战纪念日，1938年7月7日武汉开追悼大会，建阵亡战士纪念碑。在纪念碑奠基仪式上，蒋介石讲话，陈诚致辞，郭沫若破土奠基，全体齐唱由郭沫若填词，刘雪庵作曲的《碑颂》。《碑颂》为古风盎然的四言诗，节奏单一，不像长短句错落有致，谱曲很容易呆板生硬。郭沫若推崇刘雪庵，请他谱曲。雪庵不辱使命，巧妙地将西方音乐和学堂乐歌、军乐融合在一起，将《碑颂》谱得简捷有力，紧凑短促，准确生动地表达出了赶走倭寇、争取自由、抗战建国的坚定信念。

1938年1月，阳翰笙（原名欧阳本义）创作完毕历史剧《李秀成之死》，叫他的大女儿欧阳小华请刘雪庵配乐。音乐写完，阳翰笙很满意，就让大女儿拜刘雪庵为师。这出剧借古讽今，告诫人民警惕日本侵略者对国民党的诱降。该剧由蒋介石任团长的战时工作团下属的忠诚剧团，在重庆和上海的租界连续演出70场，反响空前强烈。特务密报忠诚剧团不忠诚，在剧中宣传了共产主义。1940年1月15日，綦江暴发震惊全国的血案：主演李秀成的演员李英在枣子园被害，50多名演员被捕，有名有姓遭杀害的达210人，不知姓名的被害的还有50多名。在严刑拷打下，演员们共同守住配乐作者是谁的秘密，刘雪庵才幸免于难。

"七·七"事变，全民族抗日烽火燃起，黄自、李惟宁、贺绿汀、刘雪庵、江定仙、陈田鹤等组织了"中国作曲者协会"，宣传抗日。协会设在刘雪庵家中，刘雪庵主持常务工作。

"八·一三"，日寇进攻上海。刘雪庵用《中央航空学校校歌》所获奖金创办了音乐期刊《战歌》。上海沦陷后，《战歌》迁去武汉、重庆，出刊十八期，成为当时全国影响深远的自费创办的抗战音乐刊物。贺绿汀的《全面抗战》《上前线》，夏之秋的《歌八百壮士》《卖花词》，刘雪庵的《长城谣》《流亡三部曲》，陈田鹤的《三·一三》和江定仙的《焦土抗战》等著名抗战歌曲都是通过这份小刊物传遍全国，从而掀起了声势浩大的抗日救亡歌咏运动。

《战歌》创刊不久，歌曲《松花江上》送到刘雪庵案头。这首凄婉哀告的旋律已在平津学校流传，刘雪庵被深深打动了，但又不急于发表。他想将《松花江上》扩充为三部曲，以激励斗志，共赴国难。

不久，上海沦陷，刘雪庵乘船去香港，遇到上海救亡会会长江陵，谈起对《松花江上》的看法，两人心有灵犀：太悲伤了！山河破碎，百姓流离失所，哭也无助，哀也枉然。过分悲哀，对抗战不利，要激励人民振作起来，拼死抵抗。

这一碰撞，就撞出了灵感的火花。江陵即兴写出歌词《离家》：

泣别了白山黑水，走遍了黄河长江，流浪逃亡！逃亡流浪！流浪到哪里？逃亡到何方？我们的国家整个在动荡，我们已无处流浪，无处逃亡！哪里是我们的家乡？哪里有我们的爹娘？……谁使我们流浪？谁使我们逃亡？……我们应当团结一致，跑上战场，誓死抵抗，打倒日本帝国主义，争取中华民族的解放！

在颠簸的海船上，刘雪庵彻夜不眠，含着热泪谱曲。江陵在香港赴广州的火车上写就《上前线》：

走，朋友！我们要为爹娘复仇。走，朋友，我们要为民族战斗。你是黄帝子孙，我是中华裔胄。锦绣河山，怎能任敌骑践踏？祖先遗产，怎能在我们手里葬送？走，朋友，我们走上战场，展开民族解放的战斗……

刘雪庵谱曲后，将《松花江上》《离家》《上前线》合成《流亡三部曲》传遍全国，"唤起国人，做前敌健儿之后盾。"

一九三七年，潘孑农写了个电影剧本《关山万里》，描写一位东北老艺人"九·一八"事变后，携老妻幼女流亡关内，颠沛流离中，自编小曲教育孩子牢记国仇家恨。途中幼女失散，被一音乐家收养。在广播电台支援东北义勇军的演唱会上，那幼女演唱父亲编的《长城谣》，父亲听到，骨肉重逢，但遥望故乡，有家难归……

潘孑农把剧本和歌词交给刘雪庵。刘雪庵读后，万分激动，决意精心谱曲。但是，影片因"八·一三"沪战爆发，未能拍摄。

这年九月底，潘孑农在武昌的轮渡中，听到见抗日宣传演唱。旋律优美动人，歌词十分熟悉，试加询问，竟是《长城谣》！他这才知道歌词经刘雪庵谱曲，广为传唱了。

万里长城万里长，长城外面是故乡。高粱肥，大豆香，遍地黄金少灾殃。自从大难平地起，奸淫掳掠苦难当。苦难当，奔他方，骨肉分离父母丧。

没齿难忘仇和恨，日夜只想回故乡。大家拼命打回去，哪怕倭寇逞豪强。万里长城万里长，长城外面是故乡，四万万同胞心一样，新的长城万里长。

百代公司的人在街头听到演唱，非常振奋。他们找到刘雪庵，请他推荐歌星演唱，制成唱片发行。刘雪庵看重19岁的周小燕，请她首唱。《长城谣》苍凉悲壮的旋律，深深打动了周小燕，一曲唱罢，名满天下。夏之秋组织的武汉合唱团到新加坡和东南亚各国巡回演出，演员高唱《长城谣》，观众就把金银首饰往台上扔，有的干脆随合唱团回国，参加抗战。

刘雪庵除作曲外，还巡回大后方各地指挥演唱。1940年3月12日，重庆遭日机轰炸后，在市中心的新街口矗立了宣示抗战到底的精神堡垒。1942年7月7日这天，在李抱忱教授指挥下，山城万人大合唱《长城谣》《流亡三部曲》。民族愤怒的呐喊，震撼重庆，震动全国。

纵观刘雪庵的一生，计有五百多首歌曲存世，其中，有一半写抗战。他的歌曲，响彻在战壕里、操场上、课堂、街头、田野、车间。1940年，桂林新知书店出版的《新歌初集》，收录了"九·一八"事变以来的歌曲代表作十首，刘雪庵入选的有《流亡三部曲》（之二、之三）和《长城谣》，与聂耳形成了双峰并峙的奇观。

何日君再来

上海沦陷了，抗日歌曲不能唱，刘雪庵的另一支歌曲《何日君再来》却流传开来。

好花不常开，好景不常在；愁堆解笑眉，泪洒相思带。今宵离别后，何日君再来？喝完了这杯，请进点小菜，人生难得几回醉，不欢更何待？今宵离别后，何日君再来?

词曲柔美凄婉,如绕指缠绵的温柔。花红酒绿之中,有不胜别离的忧愁——上海沦为孤岛,人们变得醉生梦死,及时行乐了吗?不是!四郊严密封锁,出入万分困难,认真做个良民,又是万分不愿。罩在头顶上的几乎永远是黄梅季节怨愤、抑郁又晦黯的天空。朋友今朝相见,不知能否重逢?在屈辱,甚至死亡面前,上海人表现出难得的安详与从容。苦难在加深,生活在继续,战斗也在继续。上海的绅士、淑女们时刻期待一个东西的到来,像沙漠中的旅者期待清泉,像农民期待久旱后的甘霖,像高尔基期待行将到来的革命的暴风雨——期待光复上海,光复河山呵!《何日君再来》是上海人抚慰心灵创痛的良药,是渴盼自由幸福的内心表白。

这支流行曲,是刘雪庵在上海国立音专毕业茶话会上,应学弟学妹之邀的即兴之作。1936年,上海艺华影业公司拍摄的一部由周璇主演的歌舞片《三星伴月》,导演方沛霖请刘雪庵写支探戈舞曲,刘雪庵便把这早已流行的曲子交给了他。方沛霖请编剧黄嘉谟填写了歌词,成了后来著名的《何日君再来》。

《三星伴月》讲述歌星秀文与实业家姜宗良的爱情故事。秀文歌声美,吸引了姜宗良,他们相爱了。由于误会,秀文痛苦地离开了姜宗良的工厂。而此时,厂里一项新产品成功,秀文接受

《何日君再来》唱片

邀请，满怀深情唱了曲《何日君再来》。深情哀婉的旋律、伤感动人的歌词，深深地打动了观众。《何日君再来》风靡上海、南京、北京、天津等城市，流传到僻远乡村，还走出国界，产生了广泛的、始料不及的影响。周璇因此一举成名，哄动一时，成为歌星影后。

《何日君再来》成了爱国者行动的暗号。在蔡楚生执导的抗日影片《孤岛天堂》里，舞女探听到敌人的情报，掩护爱国青年巧妙将敌人一网打尽，当爱国青年撤离时，舞女目送他们，唱"今宵离别后，何日君再来"，依依不舍，一语双关。

《何日君再来》不胫而走，刘雪庵在重庆懵然不知。那时的重庆，炸弹轰响，传单飞舞，后又听到沦陷区汪伪政权的电台广播此曲。是年九月，重庆警察局督察长调任成都，惜别酒会上，警局女职员声泪俱下唱出此曲，《新民晚报》全力炒作，由此后方滥觞。刘雪庵此时才知作品被俗用，却无可奈何，又知敌伪用作心战工具，更是愤恨难平，投诉无门，辩解无用！

《何日君再来》在台湾红极一时。邓丽君歌喉甜美，深情演绎，让她更加浪漫媚人。邓丽君对这支歌钟爱有加，收入17个专辑中，用中、日、印尼语多个版本面世。

高胜美对《何日君再来》做出新解，用萨克斯渲染离愁别绪，吉它伴奏，军号铺垫，演唱温柔细腻，藕断丝连，仿佛空气中都凝结着剪不断的相思之愁。

陈松伶的《天涯歌女》、吕珊的《老歌集Ⅱ》、叶丽仪的《想念依旧》、费玉清的《一剪梅》、王君国的《乐海心声》、刘罡国的《君再来》、以及徐小凤、凤飞飞、陆苹、黑鸭子合唱组在不同的专辑里，都收录了这支名曲。

《何日君再来》的旋律深情凄美，歌词古香古色，是地道的中国特色、中国气派。离愁别恨，聚散无常，说的是平常话，诉的是民众情。海峡两岸歌星根据自己的理解，不断进行二度创作，文化同宗同源、血浓于水。这是真正意义上的传世经典，超越了族群、阶级、国界，是全人类共同的财富。

刘雪庵（左一）与郭沫若、于立群夫妇协汉英（怀中幼儿）、侄女郭琦、侄媳魏蓉芳摄于重庆张家花园

细品《何日君再来》，就会发现她是从"对酒当歌，人生几何""劝君更尽一杯酒，西出阳关无故人"中脱化而来的。春天有五彩七色，才烂漫可人；心中有百结愁肠，才感人至深。我们不能只用一个标准取舍作品，评价作者。大江东去，气势豪迈，催人奋进是佳作；晓月残月，凄清婉约，暗然销魂也是名篇。

刘雪庵的一生都在奋进，追求自由、民主和光明。上海国立音专因抗战内迁到青木关，刘雪庵在国民党军警林立的刀枪之中，指挥学生高唱民主歌曲；皖南事变发生后，共产党人悲抑郁结。郭沫若奉周恩来之命创作话剧《屈原》，借屈原之口大骂国民党。刘雪庵不顾特务的威胁，毅然为话剧《屈原》谱曲。《屈原》演出，轰动重庆，大街小巷都响彻着屈原"把这黑暗的世界劈开、劈开"的呐喊。

当局惊恐万分，为抵消屈原的影响，国民党教育部次长顾毓琇编了历史剧《苏武牧羊》，也请刘雪庵配乐。刘雪庵婉言谢绝，激怒顾毓琇，丢了青木关国立音学院的饭碗。

在南京第二档案馆中，还保留着蒋经国给的社教学院院长陈礼江的密信。蒋经国当时执掌国民党国防部保密局，在信中点名要监视的教授，就有刘雪庵。苏州解放前夕，刘雪庵在苏州文教学院（即现在的苏州大学）任教，他组织师生护校，把学校仅有的五根金条交到解放军军代表手中。

新中国成立，刘雪庵以极大的热情迎接新生的红色政权，写下了《庆翻身》《民族解放进行曲》《全世界人民团结紧》等优秀歌曲，在二十世纪五十年代广为流传。

一九七六年十月，刘雪庵谱写了《衷心曲》：

经历多少苦难，尝遍多少艰辛！如今日出乌云散，化雪融冰，迎来个百花齐放大地春！他重整笔砚，百倍信心，老当益壮，焕发青春……

中央戏曲学院院长金山探望刘雪庵，并决定把郭沫若的《屈原》重新搬上舞台。四十年前，刘雪庵写的曲谱已丢失，他追忆重写，老剧枯木逢春。

在那些艰难的日子里，刘雪庵没有沉沦和颓丧，他偷偷地翻译法国经典悲剧《卡门》。《卡门》集中尖锐的戏剧冲突，扣人心弦的悲剧力量，伴随他度过难熬的日子。他在艺术的天地里昂首挺胸，执着前行。

一九八五年五月八日，在八宝山革命公墓，中国音乐学院举行刘雪庵追悼会，由中国音乐学院副院长杜利致悼词，参加追悼会的有文化部副部长周巍峙、中国音协主席吕骥等。《北京日报》《人民日报》《光明日报》刊发消息，称赞刘雪庵是著名的音乐理论家、享誉中外的作曲家、深受学生爱戴的教育家。

在进入新世纪的前夜，《何日君再来》生命力愈加旺盛。《周璇歌曲一百首》《中国电影音乐寻踪》《老歌》《〈同一首歌〉——二十世纪中国流行歌曲精品》相继选收了这支歌曲。

八十年过去了，《何日君再来》悠扬的旋律仍在历史的天空回荡，随着时间的推移，她越发清新皎洁，光彩照人。不同肤色的人们唱着她，唱人世的沧桑，岁月的流逝，唱对友人的怀念，对爱情的呼唤。

大师不朽

《长城谣》与《何日君再来》是刘雪庵艺术人生的两座奇峰，时间越久，越是挺拔葱茏。据不完全统计，《何日君再来》已经发行52张专辑，在亚洲、澳洲和欧美流行。

《长城谣》穿越时空，具有持久不衰的艺术魅力。1982年秋，香港著名音乐家林声翁、张汝钧等主办"中国近代音乐史声乐作品展"，《长城谣》名列其中；1984年，北京电视台春节联欢晚会，香港歌手张明敏深情演唱《长城谣》，唤起人们沉睡的记忆，激起现场观众经久不息的掌声。从此，刘雪庵抖落满身尘土，重新走进听众视野。不久，上海歌手沈小岑录制此曲的磁带，大量发行海内外。1992年，《长城谣》被收入"二十一世纪华人音乐经典"。

2011年6月25日，在国家大剧院，中国26位近现代著名音乐家作品演唱，国务院前副总理李岚清素描刘雪庵，篆刻《长城谣》，并用刘雪庵的音乐作品巧妙连句，赞美刘雪庵对中国抗战的特殊贡献。

2015年，中国人民抗日战争暨世界反法西斯战争胜利70周年，人民网文化频道特别推出"寻找最美抗战歌曲"大型策划。杨澜接受采访时说："如果要选一首最美的抗战歌曲，我认为是《长城谣》。选择这首歌是因旋律动人心弦，一提起抗战歌曲，'万里长城万里长，长城外面是故乡'就萦绕在耳畔。"

抗战七十周年纪念，《长城谣》被中央电视台选作公益广告，是时间对经典的记忆。

2022年北京冬季奥运会，《长城谣》被用于申报片片头曲，则是空间与名曲的遇见。在"万里长城万里长"的优美旋律中，雪花飘过长城的烽火台，飘过故宫的角楼，飘过滑雪杖下的崇山

北京图书馆刘雪庵百年诞辰纪念音乐会

峻岭，在五大洲不同色彩的眸子里流转，惊艳了中国与世界。

中国音乐学院教授高为杰回忆在美国的访问经历，深情地说，只要有华人的地方，就有刘先生的音乐。华盛顿有很多华人合唱团，《长城谣》和刘雪庵为李白的《春夜洛城闻笛》、为刘大白《布谷》配曲的作品一直是保留节目。刘雪庵的歌曲寄托着海外华人的故乡情怀。

七

龙舞传人黄廷炎

铜梁耍龙灯有些年头了,比较流行的说法是起于唐朝,发展于明清,鼎盛于当今。清朝光绪元年(1875年)的《铜梁县志·风俗志》记载春节龙灯会盛况,这样写道:"上元张灯火,自初八、九至十五日,辉煌达旦,并扮演龙灯、狮灯及其他杂剧,喧阗街市,有月逐人、尘随马之观。"

那是一年一度的狂欢节。火把飞翔,牛皮鼓擂得地皮直跳,鞭炮炸鸣声中,飞旋着一张张闪光的笑脸,人流追着龙灯队伍,满城奔跑。耍龙人走街串巷,翻滚腾挪,激情澎湃,到得深夜,自然玩累了,就有人踊跃上前,抢过龙把子,继续狂欢。

耍龙灯没有技术含量,走"鸡渣步",左八字、右八字,玩龙人走一走,停一停,用双臂和腰部的力量,握稳龙把子,微微颤抖,轻轻耍玩,让长甩甩、圆滚滚、肉墩墩的龙,慢慢下滑,缓缓上爬,耍出蠕动盘旋的气韵。

自古以来,铜梁龙都这样玩,没有人说不好,尤其是新中国国庆三十五周年,在天安门前游行后,更是好评如潮。

一九八六年春节,龙灯玩到铜梁川剧团门前,武生黄廷炎一脸不屑:这龙拿给剧团的师兄弟耍,那才有板眼。

这个念头如火花,闪得快,消失得也快,却在不经意间照亮了他以后的人生。

黄廷炎与龙有缘。

他出生于安居，父亲是国民党军官，1960年病逝。母亲编织船篷，拉扯他长大。他自小就跟在母亲身边，在船上玩，在江中戏水，在沙坝上翻筋斗，还是个戏迷，只要听到川剧锣鼓声，就飞身跑去，看到玩龙，更是疯了，踩着鼓乐的节奏，哼着乐谱，跟在后面手舞足蹈。

十四岁的一天上午，黄廷炎在猪市门理发，忽然听到一个消息：铜梁川剧团特招一个娃娃生，正在西街茶馆招考。黄廷炎一听，一把扯去系在脖子上的围裙，急慌慌跑去，钻进茶馆，看热闹。

茶馆坐满了人，报考者上场，红涨着脸，拿着鼓槌，念着谱，打不到节奏上。小廷炎仰起头，安慰他："莫急，莫急，这是玩《鱼跃龙门》的锣鼓音乐，是恁个打的。"他念道，"打丑弄，壮丑当丑，当丑当丑，壮！"

应考者说："对呀，哪个打不到点子上呢？"再打，还是不对，一急，就忘了在考试，说："你来整一盘。"听见考生一喊，黄廷炎忘了自己是个看客，捞起袖子，摇晃身子，操起鼓槌，有板有眼，急敲慢击，轻打重捶，时而贴着鼓面移动鼓槌声如沉雷滚滚，时而跃腾猛击铿锵激烈似万马奔腾。

主考笑了，问他还会些啥？黄廷炎说会翻筋斗，衣服一脱，就在原地前空翻，后空翻。

主考叫他退到一边，继续下一个环节，考生清唱，接受评判。少年垂着头，翻着白眼仁，双手微微发抖。黄廷炎给他鼓劲，说："又不是下油锅，怕啥子？我把肉锣鼓打起，把肉胡琴给你拉起，壮丑、弄丑、壮——"

主考这才对他感兴趣了，问他：你会唱吗？黄廷炎张嘴就来：

按龙泉血泪湿征袍，
叹英雄孤身无靠，
将身投水泊，

回首望天高，

愤恨难消，

怒气腾腾贯九霄……

他唱的是《林冲夜奔》，有板有眼，抑扬顿挫，还走起台步，洋洋自得，逗得茶客们哈哈大笑。他却不唱了，端起桌上茶杯，咕嘟咕嘟，一气喝干。

就这样，黄廷炎被招为演员，进入铜梁川剧团，几年后，成为有名的武生。川剧群英会大幕开启，各路名角齐聚合川。铜梁川剧团带去《荀冠良》一决雌雄。黄廷炎扮演马童。这角色只有两句台词，一闪而逝，他却不厌其烦，翻来覆去念，就连师弟都劝他不要练了，他依旧嗓音清脆，一丝不苟。

大幕拉开，剧情推进，黄廷炎飞身登台，拱手向主帅禀告军情："报——杜征带两万人马，直奔襄阳而来。"主帅令："继续侦察！"马童说声"得令"，双脚生风，声音洪亮，响彻全场。短短两句话，竟让评委大呼过瘾。铜梁川剧团倾巢出动，却只有黄廷炎获得唯一的最佳表演奖。颁奖词夸赞："黄廷炎是个配角，只说了两句台词，就震撼全场。这说明，演戏不在于当不当主角，而在于每个细节到位。"

一九八六年，黄廷炎四十五岁，正是高光时刻，本该在聚光灯下大红大紫，却突然无戏可演。这时节，歌厅舞厅遍地开花，电视连续剧异军突起，武侠小说、各色小报洛阳纸贵，昔日人满为患的川剧院门可罗雀，黄廷炎和师兄弟们闲着无事，挤在剧院门口看龙灯。鞭炮炸开欢腾的声浪，笑脸满街流淌，但是，欢乐是别人的。专业演员突然羡慕玩龙人了：街头也是舞台，杂耍也是表演。

演员分流，黄廷炎留在剧团，守台球室，上班下班，买菜煮饭，日子平淡无奇悄悄流逝。

一九八八年盛夏，机遇突然降临：北京举办国际旅游年龙舞大赛，铜梁代表四川出征，川剧团奉命备战。

传艺

黄廷炎如愿做导演，带领一帮青年演员耍龙灯。龙如何玩？他心中有谱，又觉得不踏实，却认识到意义非同一般，这是新的事业，是转换舞台，困难再大，也要上。他拿出了方案：首先要有细节，龙要到宫外去溜溜，对外面的世界可能有警惕，探出头来左右一看，又把头缩回去，仔细听听，放心了，这才出来，优哉游哉，走之字拐，游动回环；其次要有艺术范儿，演员玩龙，一招一式，要有品相，比如出场，耍宝的演员来几个前空翻，然后，飞身一跃，接住抛来的宝珠，就势一滚，逗引龙灯出场。

排练完毕，感觉比以前玩得好多了，黄廷炎有些踌躇满志。

专家审看。文化局长、分管文化的副县长陪同，对这专家极其恭敬。黄廷炎却没在意，一个中年女人，长得好看，龙恐怕玩不转。

一听介绍才知来者不凡：重庆市舞蹈家协会主席胡静。胡主席笑容亲切，语气温和，批评起来却尖锐犀利，简直是挟雷携电：街头杂耍，层次低，糟蹋了道具，远没有达到省级水准。她提出新概念，变玩龙为舞龙，张弛有致，舞出韵律，舞出翻江倒海的气势。胡静砍出三板斧：第一，确立学术定位，舞出吉祥、舞出欢快，舞出超越腾飞的渴望，让人成为飞舞的龙，龙成为拼搏的人；第二，龙长五十米，是大道具，舞蹈场面大，要尽情展示其长，辐射出巨大的冲击力和震撼力；第三，民间特色，鲜艳的民族服装，欢快的民间音乐，激烈的民间烟火，烘托喜庆气氛。黄廷炎不喜欢她说话的样子：薄薄的嘴唇一开一合，全是火辣辣的语言，而且有些词儿还不懂。他有些难为情，甚至难受，却又被她的博学吸引，觉得茅塞顿开，心明眼亮。这是代表四川省进京，和全国的舞龙队一决高下，不改进不行！再当一次配角，再演一出《荀冠良》，黄廷炎暗下决心，评审一结束，就和胡静聊开了，这一聊，激情滔滔，两眼放电，竟然聊了三个通宵，聊出完整的舞龙套路。

胡静主导，在铜梁住了下来。黄廷炎任执行导演，再排练就是三个月。

时令正值盛夏酷暑，铜梁县委党校的大会场热得如蒸笼。黄导演弯下腰来，带领演员向龙膜拜，赤膊在尘土中奔跑喘息，汗水砸得地皮直跳。一天下来，老荫茶喝掉三大盆，累得腰酸背痛，几乎要虚脱。胡静也不轻松，一个动作一个动作纠正，时常汗湿衣背，灰尘满面。相处久了，黄廷炎才从别人口中得知，胡静是全国政协副主席胡子昂的千金。黄廷炎油然而生敬意：胡主席出身名门，有本事，没架子，不像官二代。

排练热情空前，胡静却紧急叫停：情绪不饱满，招式不到位。民间舞蹈要录音录像，要图文并茂。她授课，讲中国龙图腾，开阔眼界；讲普希金的诗，激发情感。

黄廷炎分解示范，手把手教，人人过关，金秋时节终于结出硕果：铜梁龙歌舞而来，舞出云的轻盈，水的汹涌，舞出跨越腾飞的渴望。龙出洞，回环奔跑，翩翩起舞尽情展示其长；慢游龙，流鬃飞扬，炫炫灵光横掠长空；单侧快舞，劈波斩浪奋勇前冲；螺丝扭鳞甲闪闪气势雄，舞天花舞得出神入化，霸王鞭挥出威武气概，龙钻圈舞出连环套，蓄势腾飞"叠宝塔"，得意凯旋"大回宫"。三十多个套路，腾挪翻飞，张弛有度，忽而如急管繁弦的乐章，忽而是柔婉徐舒的慢板。演员头戴红簪缨，身穿黄打衣，腰系黑色英雄带，足蹬红缨快靴，一个个威武雄壮，意气扬扬。铜梁龙走出原始的律动，舞出灵秀诱人的情意，扑向时空大旋转的现代季风。

一九八八年九月，北京工人体育场。铜梁大龙以磅礴的气势、壮观的道具、丰富的套路和流畅的表演力挫群雄，登上了冠军领奖台，从国务院副总理谷牧手中捧过金杯。

北京舞蹈家评论说："铜梁龙舞好就好在看舞龙时，不知不觉忘记了舞龙人，这一效果真是难得。"

全国冠军的荣誉像烈日当头照耀，黄廷炎激动得头晕目眩，接过奖杯，抱在怀里，心一阵阵颤抖。队友要看，想捧一下，他瞪眼、摇头、扭身阻挡，像初恋的小伙护着心仪的最爱。一直到了第二天，在八达岭长城上，舞龙队合影，队友们才得到机会一亲芳泽。

第一次获得巨大成功，任何人都难以免俗。这不仅是奖杯，还是通往大舞台的通行证，从此以后，黄廷炎立马龙坛，风风火火闯九州。

舞龙的旋律掀开了生活沉重的帷幕，平淡无奇的日子精彩起来。

黄廷炎执导铜梁龙舞，斩获一个又一个殊荣：一九九一年沈阳国际秧歌节民间舞蹈大赛最高奖，一九九四年福州全国龙舞邀请赛冠军，一九九五年铜梁龙舞队第一次以"中国龙舞队"名义出征广州增城获国际龙狮大赛冠军，一九九七年北京首届"龙庆杯"龙舞艺术最佳奖，一九九九年九月在济南夺得"国家舞龙队"冠名权。黄廷炎占据中国龙舞艺术的制高点，一览群龙小。

一九九八年，初冬。铜梁新城，中兴路。高楼沐浴阳光，花瓣展开笑容。铜梁龙舒爪亮鳞，迎接北京专家。黄廷炎意气风发，走向事业巅峰：他任导演，率领九龙方阵腾舞天安门，参加新中国成立五十周年国庆大典。

方案送审，就发生激烈的争执。北京专家要求龙边舞边走，在八分零六秒的时间内，从天安门东红墙根一直舞到西红墙。这是全球直播，党和国家领导人、社会各界精英，首都百万群众就在现场，表演时不能绊倒跌倒，不能拥挤冲撞，不能超时，不能越线，一句话，不能有任何闪失。

要在往常，黄廷炎认尿，可而今，他身经百战，底气十足，哪肯罢休。国庆盛典，举世瞩目，千载难逢，他要表现铜梁龙舞绝活，冲刺、飞跨、跳跃，辐射巨大的冲击力和震撼力。

北京专家说不服他，撂下狠话：你不改，铜梁就不进京了。

黄廷炎毫不退让：铜梁龙有龙神圣的威仪，是广场舞蹈的绝佳道具。您踏破铁鞋找不到！他拍胸膛，立下军令状，万无一失展示绝活！

县领导心中有底，周旋协调，北京国庆游行指挥部派专家到铜梁，五十八次修改，脱胎换骨，精益求精，演出方案终于敲定：九龙方阵分为两组，前四后五，前行中相隔十秒，回头舞蹈，各自三回头，前四条龙朝前舞蹈，然后转身，后五条龙随即冲出，吼声乍起，前面走"之"字形，后面舞"8"字花，一波叠一波，一浪盖一浪，形成波澜壮阔翻江倒海的气势。指挥车进加速线，脱离中心表演区，大功告成。龙舞方阵随之尽兴翻腾，激情飞舞。

为了接近实战，白龙大道按金水桥前的表演场划出地块，踩鼓乐掌握节奏，牵绳子限定步幅，卡秒表掌握时间，练，反复练，烂熟于心；审，吹毛求疵，专挑漏眼，北京、重庆和县上三堂会审，严格把关。

北京，合练通过，彩排成功。国庆前夜，长安大街国庆游行总指挥部，黄廷炎穿着厚厚的冬衣，斜靠沙发过夜，闭上眼睛，就梦见摔跤了，龙衣扯破了。他哭喊，挣扎，起身站立，瞪着眼睛到天亮。

历史将记载这一天：一九九九年十月一日，铜梁九龙方阵走进了天安门前气势恢宏的立体画卷。蓝天如洗，纤尘不染，广场欢腾，歌潮澎湃。二百二十五名铜梁汉子，举着九条金光灿烂的东方巨龙，在九颗红珠引导下，英姿昂然，两颊红亮。激烈的鼓乐在耳畔轰鸣，黄廷炎胸中翻涌着雄壮与伟岸的情感。他盛装

铜梁龙在北京

出场，背上插着绿、红、黄三色指挥旗，站在车上，看着江泽民总书记的阅兵车从身边经过。一颗被幸福浸透的心，激动着，震颤着。大鼓咚咚，铜钹铿铿，九条巨龙回环遨游，翻波涌浪，象征横贯华夏的茫茫九派。五十米龙身，寓意共和国五十华诞。二十四栋龙身，代表二十四个节气风调雨顺。两千块鳞甲，意味着巨龙穿过岁月，吉光普照新千年。当龙头进入第一华表时，二百二十五名铜梁汉子吼声乍起，巨龙扭滚迸发，腾挪盘旋。九龙方阵在行云流水的慢板中柔婉徐舒，在激越奔放的旋律里翻江倒海。舞龙人冲破了表演的束缚，把自己与龙融为一体。舞蹈艺术寻求的由娱人眼眸到震撼人心的境界出现了。那敲得人心快蹦出来的铿锵的锣鼓，那把双目炫得亮闪闪的龙身，那经天纬地、倒海翻江的优美扭动，撼动了参加国庆五十周年庆典的华夏子孙。一种超越、腾飞、纵横万里的渴望充溢在每个人心间。铜梁汉子齐声高喝："中国龙，雄起！中国龙，腾飞！"雄壮的吼声如惊涛裂岸，如雷声轰鸣，在北京的上空久久回响。掌声，从天安门城楼上响起，呼啦啦弥漫沸腾的广场。

车轮碾过加速线，指挥车奔驰起来，铜梁龙奔突旋转，飞跃跨跳，潇潇洒洒舞到了西红墙根。黄廷炎跌坐在座位上，他笑了，却是泪流满面。

　　回程，火车停靠在菜园坝车站，黄廷炎刚走上月台，时任重庆市副市长王鸿举迎了上来，紧紧地握住他的手。

　　汽车奔回铜梁，从白龙大道入口处到县政府门前，六公里的街道，鲜花盛开，铜梁人以最隆重的礼节欢迎凯旋的城市英雄。

　　2008年9月，在北京人民大会堂，黄廷炎从国务委员陈至立手中捧过中国龙舞杰出传承人金杯。2009年，国家文化部授予他全国非物质文化遗产保护先进工作者称号。

耍龙宝

八
一生难舍是龙缘
——记中国民间文化杰出传承人傅全泰

装银匠，手艺人，做纸扎活小生意，卖花圈、灵房、香烛、冥币等丧葬用品，手巧的能为上元灯节制作百戏彩灯。这里的"装"，是假作、假扮的意思，用闪着金光、发着银光的纸折成金元宝、银元宝，装模作样卖给顾客。这种手艺人们嫌其晦气，不拿正眼瞧。

一九八四年夏天，傅全泰因此从铜梁县城藕塘湾扎龙场回到安居。

人家是正儿八经的中专生，一九五三年毕业于合川中等师范学校。在那时，考上中师就是光宗耀祖、名震十里八乡的大新闻；何况他三十出头，就在合川县柏树街小学任代理校长，还被选为县人大代表，身份荣耀，无论在校内校外，随处可见敬佩的眼神。

每天两块钱，就把脚拴了，家里的事一点也管不了。哪能管？铜梁县城距安居五十里，要回家就必须早出晚归赶客车，把血汗钱拿去买车票，除了锅巴就没得饭了！傅全泰家庭负担太重：老母八十高龄，体弱多病，四个孩子都小，最大的才读初二，妻子与人合作承包了镇上的照相馆，还要伺候老人，照顾孩子，忙里忙外，累。他心疼，必须赶回去！

这时节，传统习俗逐渐恢复，春节玩龙一年比一年热闹，装银匠摇身一变成了宝：二郎场的老师傅，给重庆市杂剧团扎龙灯,出门有车,吃饭有鱼,闷两口老白干,还有副团长作陪。四川美院教授没见过龙灯,带弟子到扎龙场写生,蒋老师前,蒋老师后喊出尊重。杂剧团进京表演,引起一位特殊观众的极大兴趣。这人是新中国成立三十五周年游行指挥部副指挥长马精忠。老马寻找龙灯,踏破铁鞋,都不满意,可眼前的龙,造型精美独特,飘逸灵动,龙嘴大张,气势恢宏,龙身浑圆壮伟,鲜活颀

傅全泰

长,舞起来如翻江倒海,非常适合广场表演。他立即飞抵重庆,要求扎制两条胸径一米、龙身五十栋、全长两百米的大龙,参加天安门前的国庆大联欢。

铜梁县文化馆担当重任,馆长王兴富感到压力大,找帮手,想到了傅全泰:于公,他心灵手巧,能说会道,懂工艺美术,买材料,管后勤,是把好手;于私,两人同读于合川师范,都是著名画家周北溪的高足。老王想让老同学挣外快,贴补家用,却万万没想到,一个星期不到,老同学死个舅子都不干了。

朋友帮忙,越帮越忙。傅全泰的铁饭碗就是老街坊戴明帮着敲碎的。戴明在铜梁川剧团当团长,富贵了,不忘提携老邻居,叫他辞了教职,进川剧团当美工,等到正式编制下来,再把铁饭碗端起。

那是一九六三年,傅全泰做出人生的重大选择,乐癫癫回到家乡,来到铜梁县川剧团,拿起画笔,饱蘸颜料,龙飞凤舞,写演出海报,画剧照,画戏台屏风、布景图案。可是,月底领工资的时候,一记闷棒敲来,头晕目眩:临时工九角钱一天,一个月二十七元人民币,当教师四十九块五呢。天啊,一个月就少了二十多块钱,一年就是两百多块钱啊,岂止是亏大了,简直是倒了

八辈子的血霉！他难受，痛苦，吃不下，睡不着，好不容易睡去，却突然醒来，冰凉的泪水打湿了枕头，原路返回吧？夜色茫茫，来路已断！等吧，毕竟有盼头呢，而且，还有了新的事业，他咬咬牙，忍了！

他爱上了川剧盔头——演员头上的冠帽。这脑袋上的东西千变万化：皇帝戴的是九龙冠，皇后戴的是凤冠，太子戴紫金冠，元帅戴帅冠，将军戴将冠，书生、小姐、贩夫、走卒冠帽各不相同。样子乖巧，分量轻盈，演员戴着舒服，演出就来劲。盔头与扮相珠联璧合，舞台形象鲜活靓丽，光彩照人。他迷上了这门手艺，跟着田洪章，端茶递烟打下手，师父师父叫得亲切。田老师告诉他：戏曲盔头制作技艺已有数百年历史，有画、刻、染色、掐丝等十几道工序。一个盔头，上百个零件组装，图案繁琐、工艺繁琐，凹凸不平的沥粉、大金大银的用色，做好真不容易。但是，他迷上了，裱纸、绘图、雕板、加纱、盘丝、组装、沥粉，乐此不疲。

后遭遇变故，傅全泰垂头丧气回到安居。

戴明深感惭愧，替他谋到一个手艺活儿——捶白铁桶。这活儿没有多少技术含量，一看就会，还是计件，多劳多得。

生活有很多无奈，无奈还得生活。他戴上袖套，穿上围裙，拿起剪子，下料，一不小心，就被锋利的边角割得鲜血直流。轻伤不下火线。他抡起榔头，乒乒乓乓，敲响清晨，敲响黄昏，敲出圆滚滚、白亮亮的水桶、水壶，从春到夏，从秋到冬。掌心茧疤重叠，手背伤痕累累。

失去的总是很珍贵。夜半梦回，床前明白，校园的钟声老是在枕畔响起。他也怀念剧团的日子，饱蘸颜料，簌簌落笔，那才是心中所爱。

王兴富到剧团当党支部书记，带团到安居演出，见老同学面容清瘦，手上有血痂，很是心痛：你是千里马，哪个拉盐车哟？到剧团去，当美工。

好马也吃回头草。他跟着老同学，再次走进铜梁川剧团，拿起了久违的画笔，那一刻，恍若隔世。

演员演上一号人物，那就是角儿，就有大牌范儿，就在意形象，虽然是剧照，装扮的是他人，但是，那张面孔是自家的，横看竖看，总不满意：傅全泰，你没画出精气神。傅全泰微笑点头：就是，就是！

傅全泰，李玉和视死如归，你画成茶馆喝茶，你给我改。

傅全泰赔着笑脸，不停地点头，就是，就是。

谦恭，温顺，没脾气，然而，他就是不改。于是，角们看他就不顺眼，也就有意刺激他，不再叫他的大名，"傅就是"的绰号传遍剧团。

傅就是，你过来；傅就是，给我拿衣服；傅就是，你……

堂堂县人大代表、小学校长，被人乱喊绰号，呼来唤去，老子不干了！傅全泰把画笔一扔，脚底抹油，溜回安居，坐在家里，端起酒杯，感觉一身轻松。可是，夜半醒来，就睡不着了，饭碗砸碎了，一家人七张嘴巴镶起来，有撮箕啷个宽，要吃饭啦！妻子在相馆工作，每月十五元，买了全家的供应粮油，就用得差不多了。

母亲没有责怪，却是唉声叹气，老眼泪汪汪。妻子怨他偃：

画龙点睛

小看你啷个啦，你莫非还是大人物？你不听就是，左耳朵进，右耳朵出嘛，说走就走，你对得起人吗？女人翻老账，铁饭碗端得好好的，你把它摔了。鬼摸了脑壳，你就是头猪哟！妻子絮絮叨叨，没完没了。

憋闷、难受、委屈，却不敢吭声，一步走错步步错，傅全泰跌进人生谷底，再次操起榔头，捶打生活。他不愿意见老同学了，一张脸写满忧郁，被寒微追逐着，栖栖惶惶。

熬啊，熬啊，熬到一九七八年，命运终于迎来转机。

农村土地承包的浪潮冲击着街道工业，照相馆允许私营了，傅全泰与人合作承包过来。一寸照片二角八分钱，手相机照相七毛一张，钱不多，但是，服务热情，质量高，生意一天天好了，尤其是遇到安居中学学生毕业的时节，单人照、集体照、多人合影，这班结束那班请。多找了几个钱，给老母亲买营养品，给孩子们添置新衣裳。他那张忧郁的脸露出了难得的笑容。

生活就这样过着，平平淡淡，波澜不惊。当王兴富请他为扎龙管后勤时，他犹豫过，但是，想到老同学需要帮手，时间也不长，就去了，没几天，就又脚底抹油——溜了。

铜梁龙进京，参加新中国成立三十五周年国庆盛典，裹挟着巨大的口碑效应，传遍四方。王兴富到北京交样品，刚返回重庆，就接到一笔价值八千元人民币的大生意——重庆文化宫举办国庆灯会，要定制一批彩灯。八千元，简直是天文数字，川剧团的台柱子每月的收入才三十三元五角呢。王兴富激动万分，铜梁龙进市场了，路子将会越走越宽。他决定，借此东风，把扎龙艺人组织起来，创办扎龙场，让铜梁龙腾飞到更加广阔的天地。

铜梁县文化局局长周秀林察纳雅言，欣然同意。王兴富放开手脚，组建人马：傅全泰头脑灵活，善于外交，当厂长；另一个老师傅技艺高超，副厂长主管业务。于是，凉水场的周经安、大庙场的梁银山，以及李开福、叶云良一帮艺人风云际会，相聚在安居古城东岳庙。

一九八四年十一月八日，中国龙灯发展史上树起里程碑：铜梁县扎龙场挂牌成立。

　　本是喜庆的日子，两个厂长却闹出不愉快：老师傅龙灯扎得精妙，却不懂官方做事的讲究。成立扎龙厂，吊牌要领导亲授，他等不及，就找来木板，亲手推刨，刷漆，写上"铜梁扎龙场"的仿宋字，挂在厂门右门框，然后，一头扎进车间，埋头干活。领导来了，会议开始，依序就座，老师傅千呼万唤不出来。傅全泰叫蒋老师，他不理；再叫，老师傅生气了：开啥会嘛？牌子都挂好了，瞎子戴眼镜——多余的圈圈。他看得起我，就介绍活路来。要舔当官的脚丫子，你去嚎！傅全泰碰了一鼻子灰，再不敢吭声。

　　算工资时，傅全泰心中不是滋味：老师傅是副厂长，每天十元；傅全泰是厂长，主持工作，活儿没少做，每天才八元，一个月下来，就少六张大团结啊！虽说二百四十元的月薪是刚毕业的大学生的四倍，但是，比老师傅少，还只能闷在心里，因为，扎龙厂是文化馆下属的经济实体，大事由文化馆说了算，王兴富对老师傅极其尊重，大会小会都叫艺人们向蒋老师请教。还有周经安，比老师傅年龄大，也毕恭毕敬称他为师父，只要有空，就带着小儿子，请老师傅喝酒。算了吧，算了！傅全泰劝自己，龙灯的市场前景广阔，只要有本事，就能刨金砖。

　　老师傅讨厌记者，每逢采访，总是不配合，眼睛一眯，一开口就让来访者瞠目结舌：有啥子好吹嘘的？扎龙靠技术，手上取，走开！每逢这时，傅全泰总是笑着，迎上前去，表示歉意。他知道宣传的重要，培育市场，增强产品的知名度、名誉度，是好事。于是，他打开话题，滔滔不绝，从《县志》说起，说铜梁舞龙的悠久历史，说铜梁龙的品类特色、制作技巧……一来二去，报道多了，傅全泰在电视上有同期声，在报纸上，图文并茂，声名鹊起，赢得交口称赞。更重要的是，他看扎龙，看出了门道，比绘画简单，篾条剖均匀，骨架编扎实，造型造得精巧，红、黄、蓝三原色彩绘，浓淡相宜，柔和随心。他佩服老师傅，有真本事，一个大中国，只有铜梁龙玩入国家庆典，名不虚传啊！于是，他总爱待在老师傅身边，观摩学习。下班了，车间空荡荡的，他把自己的作品和老师傅的比较，思考，琢磨。

一九八五年腊月的一天，扎龙车间一遍繁忙，龙头着了色，等待点睛，龙身悬在梁上，蓝的纯蓝，红的鲜红，一遍明艳。艺人们都在赶工，编织的捆扎篾丝，裱褙的刷着糨糊，绘色的调着颜料。活路多，客户催得紧，埋头赶啊。

一群人前呼后拥，跟着傅全泰，来到扎龙场门前，县文化局领导陪着，走在后面。老师傅看见，竟然把门关了。傅全泰急忙拍门：蒋老师，市里的领导来了，开门！老师傅在门后说：搞不赢，搞不赢，不接活路了！

就这脾气！傅全泰真是哭笑不得。虽然说厂门还是开了，心与心沟通的门却关上了。

一九八六年一月，铜梁县安居扎龙厂挂牌成立，傅全泰当上了大掌柜，老伴关了照相馆，成了二当家，爱女傅登珠中学毕业，也进了家庭企业。半年后，老师傅评上四川省民间工艺大师，重建铜梁县扎龙场，开门营业。十一月，周均安回到凉水老家，开办铜梁凉水民间纸扎厂。三足鼎立，争抢市场，各显身手。

半年过去，没有业务，傅全泰有些沉不住气了，他知道，老同学一定要帮老师傅，凡是跟文化馆联系的生意，都留在县城了，等等吧，龙灯业务在下半年，他安慰自己。

中秋后，西南铝加工厂送来第一份订单，这一做，就请了三十个工人。紧接着，重庆造纸厂也来了，临近区县、市外，不时有订单飞来。第二年，盔头生意也有了，到了冬腊月，天天加班到凌晨两点，回到家里，还要给狮子头走金线，有时

写龙

干到天亮。

也许，在中国龙灯制作史上，傅全泰是践行"五加二、白加黑"的第一人。他给技师叶云良开工资，每天五元，加班费三元，吃饭不给钱，每月净挣二百四十元。一般工人五元，一个月也有一百五十元。

他全盘承袭了老师傅创制的龙灯品类，鱼灯、龙灯、动物灯无一不惟妙惟肖，鲜活灵动。傅厂长静下心来，研发新产品。他把戏曲盔头的技巧嫁接到龙灯制作上来，设计出小巧精致的工艺龙，沥粉凹凸不平、用色大金大银，线条流畅优美，造型栩栩如生。"华表龙柱"能装能拆，用于室内装饰；"小蠕龙"手中把玩，也可做壁上挂件。铜梁县委书记曾令锡出访日本，赠送广岛市市长小蠕龙，令那位生肖属龙的国际友人欣喜不尽。此后，傅全泰又研制出小手狮、小金鱼、小麒麟、小鳌鱼，铜梁龙灯家族人丁兴旺，蔚为大观。

一九八八年春三月，一栋四层高的小洋楼矗立在安居古城乌木溪畔。傅全泰欢天喜地乔迁新居。底楼和顶楼做车间，经商，中间两层住宿，装修一新，家具全新，冰箱、彩电、空调一应俱全。周边老屋低矮破旧，傅家的新楼如鹤立鸡群，佼佼悦目。

当初，他逃离扎龙厂的时候，没想到扎龙灯能够辉煌人生，还能带来滚滚财富。

如果不是改革开放，扎龙艺人还是装银匠，蓬头垢面，满身灰尘，有人正眼瞧吗？

人生迎来高光时刻，傅全泰扬眉吐气走进重庆市大礼堂，参加政协会议，建言献策，推动传统文化的发展。《中国日报》外文版、《人民日报》海外版、《中国文化报》、《中国教育报》竞相报道。一九八七年，他入选《重庆日报》评选的"全国十大新闻人物"，相继捧得四川省民间工艺大师、重庆市巴渝十大民间艺术家的桂冠，二〇〇七年，傅全泰七十三岁，获得此生最耀眼的荣光：中国文学艺术联合会、中国民间艺术家协会联合授予"中国民间文化杰出传承人"称号。

而这时，老师傅在二郎街上的破屋里，对着采访镜头骂娘，后悔传了技术。没人寻揽生意，他蜷缩在家中，愁苦老去。

进京，去人民大会堂披红挂彩，领取纪念品，天大的好事，民间艺人梦寐以求，傅全泰却放弃了，不愿意站在聚光灯下，不愿意面对媒体采访。在最辉煌的时候，他突然遭遇重创，束手无策，痛苦伤心！

长子染上不良嗜好，强制戒除，痛苦万分，却见效甚微，他气恼伤心，一夜白头！烦心事接踵而至，周均安的两个儿子呼风唤雨，几乎垄断了铜梁龙的声誉；龙灯市场发生了深刻的变革，传统工艺被逼到死角：竹篾架构的龙骨被编织带嵌钢丝代替，绵纸褙褶龙衣被绢绸扫荡，手工彩绘被印染工艺驱逐。好好的生意说没就没了，连告别的话都没听到一句，傅全泰哪能接受。用绢绸做龙皮，经久耐用，元宵节不烧龙，没有神龙升天的习俗，就没有人寿年丰的精神寄托了。他讲《县志》的记载，与领导争论，甚至找上门去，给年轻艺人宣讲，成了不合时宜没人理睬自讨没趣的前浪，被无情地抛弃在时代的沙滩上。寂寞、孤独折磨他，忧愁、焦虑撕扯他，疾病悄然来袭，他的右耳畔长出肿瘤，那该死的东西似乎见风就长，竟然长到鸭蛋大。

愁云惨雾锁眉梢，他突然心闷，像有一块石头压着，出气不均匀，他没当回事，却又阵阵心痛，夜里，从梦中痛醒。他预感大限将近，心里万般不舍，时常睁着眼睛到天亮，蒙眬中睡去，就看见烧龙的场景，龙灯穿过火阵，破破烂烂，千疮百孔，像一个饱经沧桑的老人，一步步走向圆寂，走向灵魂栖息的天国……

中国民间文化杰出传承人

第四章 | 民俗风情
MINSU FENGQING

　　安居的民俗风情沉浮在历史长河里，带有强烈的地域色彩，流淌着人文情怀和古城风韵，在经济高速发展、文化剧烈碰撞的今天，抖落岁月的尘土，重返读者视野，道往昔之峥嵘，叙乡情之绵延，一样的浪漫依然，灵秀诱人。民俗风情既是安居旅游的重要资源，也是古城文化最深刻的内涵和永恒的魅力所在，更是文化旅游发展的核心动力与灵魂源泉。

一
安居看龙

舞龙求雨

安居看龙，先看故事。故事收录在清光绪元年（1875年）的《铜梁县志》中，题为《圣水寺灵异记》，作者是明代嘉靖十七年（1538年）进士、河南巡抚、安居土著胡尧臣。文章写道：邑（安居）治北五里许，有川名窦溪，宋徽宗时，宫内火灾，窦溪龙王敖广仙妹淑珍，行雨解救有功，乃投金牌抛江设祭，敕封东淮洞达慈孝龙女元君。

龙女行云布雨灭了皇宫大火，那雨是灵雨，水是圣水。安居于是在窦溪修建圣水寺，供奉龙女。

胡尧臣言之凿凿，写下亲眼所见，明朝正统年间，地方告旱，县衙"主簿武韬率彼人民，敬谒灵祠祈圣水时，即雷雨不停，风波浩荡，果获显验"。取圣水极其神秘。拜谒龙神后，拿出一尺长的瓷瓶，用数层绵纸，数层丝绢封裹瓶口，然后，熔蜡凝固，瓶颈系上长绳。取水人驾着木船，驶往江心，将瓷瓶抛入数十丈深的潭底，半个时辰后，慢慢提出水面。若瓶中无水，则旱情无解；若瓶中有水，"既清且碧，迥与他水别"。圣水如何进瓶子，神秘莫测，因为，瓶口依旧严丝合缝，更神的是，带着瓷瓶返回龙女祠，瓶中"声如响沸"，两三天后，下起小雨，再过十来天,甘霖普降,黎庶沾恩。

　　古时的龙凝聚着先贤的梦想,是灾难的克星,是救世的英雄,那是需要神话而产生了神话的时代。

　　圣水寺多次重修,终究熬不过岁月,杂草掩埋,重归黄土,但是,祈雨的风俗流传下来,在形式和内容上有了更新。一遇天旱,县衙就贴出告示,令城中烟花女子,浓妆艳抹,穿着露点衣服,跳着艳舞,敲着铜盆,模拟雷声,招摇过市,向天神献媚,希望天神行云布雨,解救苍生。

　　一群男人举着金黄色的稻草龙紧随其后。稻草龙四丈四节,牛头、虎口、鹿角、蛇身、鹰爪、凤尾,舞出"祷告""行云""求雨""取水""降雨""滚龙""返宫"等套路。一群老者俯身下跪,头磕大地,直起身来,举起双手仰望苍天,高呼:救啊!救啊!沿街百姓,端来清水浇洒,寓意甘霖普降。店主燃放鞭炮,行人追逐围观,乡村货郎挑着担,卖零食,卖玩具,吸引着贪吃好玩的孩子,祈雨游街,人神同乐,安居街头热闹

舞龙

非凡。

从祈雨到下雨，有一个漫长的过程需要等待。商界行帮捐资筹款，请来戏班子，好看的戏持续上演。林冲血泪湿征袍孤身无靠，白蛇一心嫁许仙不怕一死，关云长过关斩将千里走单骑，杨家世代忠良前赴后继血洒边关，王宝钏守寒窑一盆清水当作菱花镜，七八步走遍天下，三五人百万雄师，血刃劈面将军扑身倒下，却又弹跳而起越战越勇。上午看早戏，午后观午戏，晚上赏夜戏。九宫十八庙锣鼓喧天，叫好不绝。安居祈雨成为全民聚会，挥霍着民间的热情和财富，以盛大而热烈的方式向上天求告，一直到甘霖滋润田野，庄稼不再枯黄，龙灯停止舞蹈，剧场余音绕梁。

龙舟竞渡

端午划龙船真是好看。人们顶着烈日，奔向江边，踮着脚，伸着脖子，站成焦急而又耐心见首不见尾的长龙。

日丽天蓝，潮平岸阔。引凤门、迎龙门、琵琶嘴、黑龙嘴搭起彩棚。商贩摆摊设点，操着不同的腔调，引诱顾客。花鼓打响清脆，魔术变出笑声，猴子敲锣齐天大圣棒打妖精，冲冲糕、油果子、花生糖香味弥漫吸引馋虫，游人挤挤挨挨熙来攘去就要掉下江岸。

鼓乐骤然响起，哗啦啦冲开江面，推起波涛，船首燃起高香，端出煮熟的白肉，在香案上供好龙头。主持人平举燃香，口中念念有词：

谨以三牲之奠，祭于涪江之神。唯神佑我，风调雨顺，潮平岸阔。五谷丰登，百姓安宁，伏维尚飨！

主持插上香，抓起脚边的公鸡，掐着鸡冠，见鸡血渗出，赶紧点画龙睛。鞭炮炸鸣，火闪烟腾，鼓声咚咚，擂得地皮直跳，两条巨龙呼的一声腾起，翻飞旋转横冲直撞，江面突然洪波涌起，雪浪冲刷江岸发出巨响如山崩地裂。

赛龙舟

　　船出江了，是各帮会的花船。安居有船帮、炭帮、盐帮、纸船帮，临近的关溅、高楼乡与合川的太和场都驾着龙舟赶来抢江。花船一露头就比阔斗狠，似要拼个你死我活。先看船身，一律新刷了黑漆，披红挂彩，方头高尾；再看装饰，你有二龙戏珠翻江倒海，我来猛虎长啸气吞山河；你有一串串红灯笼高挂船篷，我有一把把油纸伞绽放舱顶；又看步态，你行舟劈波斩浪气度雍容，我打桨潇洒遒劲从流飘荡。船舱里，客人们喝茶吃烟，猜拳行令，有的高谈阔论，预测竞渡的输赢。船老大一边摇扇，一边望着龙舟来的方向，志在必得的信念写在眉间。

　　前方响起鞭炮。隆隆炮声丈量着江的长度。吼声隐约传来，日光跳荡的江面荡来一排龙舟，细看有七艘，赤橙黄绿青蓝紫，拼死拼活往前冲。鼓声咚咚直直地刺破江天，又狠狠砸进橹手的耳鼓，统一着击桨的节奏，船桨起落像无数鞭子抽打江水，江水似乎疼痛无比忍无可忍拼死挣扎乱翻乱滚，风头推送波峰，后浪碾压前浪。龙舟颠簸起伏，你追我赶，寸步不让。渐渐地看清楚了，船头站着指挥，头戴白草帽，身着白绸衫，摇着折扇，喊着号子。细看龙舟，狭长细窄，船身轻薄，形如刀片，龙头龇牙咧嘴浓墨重彩，龙尾简笔勾勒遒劲高跷，鳞甲斑斓五彩灵光闪闪。赛程渐渐短了，龙舟开始冲刺，鼓手纵身跃起，双槌齐下，使尽全身力气。摇橹手肌腱隆起青筋绽起前推后搬齐声吆喝，龙舟并驾齐驱刷刷彪飞拼死拼活往前冲。哪怕是狂风扑面，江水倒灌，也不停留。你看那船尾的旗帜，无论是龙旗、虎旗、北斗七星旗、八卦连环旗，无一面不是拼命招展，催逼着可贾的余勇和必胜的信心。汗水砸响船板，嘶喊近似于嚎哭，波涛涌阻碾碎穿过，逆风裹挟一把推开。两只龙舟领先一程，比翼齐飞，似乎有约在先同赴终点。观众居心叵测，拼命喊着加油，却又突然沉默，瞪大眼睛，屏住呼吸。说时迟，那时快，红色龙舟突然发力冲锋在前终成群龙之首。岸上的欢呼、喝彩如同汹涌奔腾一泻千里的江水声震天地一浪盖过一浪。

快到终点了，船头的橹手纵身一跃，插进江水，一群橹手跟着跳了下去，奋力前游抢鸭子。那鸭子事前灌了酒，醉眼蒙眬在岸边闲游，突然见到魔爪乱舞，一下清醒过来，声声尖叫，扑闪双翅，贴着水面飞起来。橹手扑了空，扑出一阵阵哄笑声。第二艘龙舟冲来了，又一群汉子扑进江水，加入抢鸭子的队伍。船靠岸了，橹手飞身下船，一窝蜂涌去彩棚，人抬人，人叠人，人举

好雨知时节

人,伸长手臂,抓抢悬挂在棚门上的红包。呐喊声、鞭炮声、锣鼓声交织在一起,回荡江天。

春节灯会

端午划龙船只是惊艳一闪,春节耍龙灯才是大戏狂欢。

还在腊月初,各行业、帮会就憋足了劲,要再决高下:精心扎制龙具,挑选舞龙手,排演玩舞套路。教育界的鱼跃龙门、铁匠铺的火龙、纸船帮的大蠕龙,镇上望族的三元抢宝,都是保留节目拿手好戏。

春节玩龙,安居有传统的习俗:除夕张灯结彩,迎春接福。正月初一上坟,给先祖拜年,然后走亲访友,联络感情,男人走到初七八,女人走到春草发。正月初九,龙灯会大幕开启。所有龙灯相聚禹王宫,摆上香案,祭拜禹王,然后,请德高望重者给龙点睛,鼓乐齐鸣,沿会龙街而下,游走古城,给民众拜年,各家门前烛焰闪烁,鞭竹炸鸣,谓之"接龙"。城隍庙、紫云宫等九宫十八庙,一座都不容错过。无论是踩街,还是拜庙,所有龙灯高举不玩舞,只是摇动龙头,走"之"字拐,拜年贺岁问候新春。大年初二至正月初九,每天都玩龙,那叫"散玩",营造气氛,点染节庆。各队都把好戏留着,把精彩掖着,尽管如此,古城依旧人塞街巷,针插不进,水泼不进。上元节万方聚会,百戏尽来,姑娘媳妇,特许夜游,全民狂欢。妇人笑匀妆面,朱帘半卷;少女融进人潮,秋波流转。

特殊的看客一年才有一次,舞龙小伙们发疯了,豁出去了,两条长龙才从巷子钻出来,就拼个你死我活。你腾挪,我闪转,你龙头高昂,我鳞甲闪闪,你的舞步密如急雨,我的呐喊响如炸雷。虽说是寒风如刀,穿着臃肿,人们却追撵舞龙队寸步不离,恨不得拔出孙悟空的汗毛变成无数新我,分身于那些精彩迭起、热闹非凡之所在,一个个内衣湿透,嗓子喊哑,耳心震得生痛,头发燎得煳焦,全然不顾。人流与龙灯纠缠,激情被焰火点燃。

安居舞龙

天可怜见，风流才子巧会了意中娇娘，窈窕淑女被公子撞了腰，人潮拥堵，退无可退，逃无可逃，女人声声尖叫，浩劫来了，生机也来了，年轻的心甜蜜地悸动起来。

焰火，在飞转的眸子里灿烂，人潮，在节日的街头奔涌。在一阵急促而沉重的鼓点声中，飞翔着无数的火把和闪亮的笑容。

鞭炮炸鸣此呼彼应，卷起热烈与火爆，给那刀子一样的寒风，揉进火辣辣的情愫。满街人潮拥堵，里面的倾力向外扛，外面的寻机向里钻，任浓烟呛眼，耳朵震得生痛，也不让步。龙灯队的开道手乐呵呵一笑，点燃一挂鞭炮，在头上旋舞。一阵阵惊叫声炸出，人流就像快船犁过的江面，哗啦一声向两边分开。

如烟似梦的光波里，空谷幽兰般走出一笑倾城的美女，这是须生反串的旦角，举着"春节灯会"的牌灯，让寒夜滚动温馨和暖流。舞蹈在前的"十八学士"，是龙王的虾兵鱼将，颠顶，笨拙，都是痴呆的活宝。大鼓咚咚，如雷声隆隆，铜钹一响，哗啦啦波涛飞卷，高高的龙门横挡面前。一对鲤鱼游了过来。他们憋足了劲，早就在等待这一天了，等待这巨变的机会。看啊，鱼们互相鼓舞，头颅高昂，双鳍凌波，甩尾戏浪，翻腾跌扑，迎着龇牙咧嘴的峭石和连天扯地的巨浪，奔突，冲刺，飞腾，唇吻拼命张大，两鳃紧张开合，遒劲有力的尾划出一道道优美的弧线，跃上岩石嵯峨的龙门。一声锣响，鱼虾潜踪，一条头大颈长的正龙昂首翘尾，傲气十足，板着龙王庄严、冷峻的面孔，牢牢地掌控着龙族。彩龙是娇小的公主，最得宠爱，跟在正龙身后，轻快旋飞，活泼得意。梆子鸣响清脆，像一道哗哗流淌的山泉，震荡夜空。一群身披竹叶的小伙粗放舞来——这是竹梆龙，带来大山清新的风……紧跟着的是大龙，雍容华贵，集南龙的豪放和北龙的灵秀于一身，俊美的外表、优雅的舞蹈，有中华龙的美名，是正龙的骄子，龙灯会的主角和灵魂，尽可任情率性挥洒心中的激情。大龙心领神会，由着性子，俯仰虬曲，回翔奔突，舞着惊涛拍岸的澎湃激情，舞出风卷云飞的情思意蕴。随着他的舞蹈，场上气氛高潮迭起。人潮汹涌中，那些年轻的媳妇们和舞龙人比着

龙灯舞

腿脚的灵巧，奔来闪去，摸龙角，扯龙须，摸着了，笑得流光溢彩，扯着了，就如获至宝——今年，这些女人就会怀上龙种，早生贵子呢。

一切都按部就班，依序而行。大龙之后是板凳龙、柑子龙、小金龙、三条黪，然后是猪灯、牛灯、虎灯、麒麟灯，行进在腰鼓、连箫、花船之前，任何灯种都不敢另类胡来。正龙环视左右，为自己的驾驭能力而踌躇满志，悠然自得。

突然，斜刺里杀出几条稻草龙。舞龙人是丐帮，衣衫褴褛，蓬头垢面，冲撞而来。正龙慌了手脚，急忙闪向一旁，恭敬肃立。众龙见状，"唰"的一声让出一条路。稻草龙既不客套，也不寒暄，左翻右拐，逗趣寻乐，尽情撒欢。场上顿时充满无比的幽默滑稽，让人忍俊不禁。丐帮似乎更加放肆，停了龙舞，挂着龙杆，伸手乞讨，肆意挑战龙王神圣的威仪。正龙却不急不恼，神色谦恭，默默肃立——原来，稻草龙诞生在所有龙灯之前，资格最老，任何龙遇见它，都必须礼让。

这一让，街头激起浪花，向四周荡漾。观众如同水草，根儿不动，枝叶随波飘绕。骂声、埋怨声交织。有的挤丢了鞋，有的碰落了帽，有的挤丢了情郎——正无处寻找，耳边呼呼声起，几

第四章 民俗风情　145

枝烧龙的干花对着丐帮嗤嗤喷射。火苗舔处，短裤起火，一缕缕毛焦味儿弥漫开来……

稻草龙倚老卖老，火龙早就看不惯了。火龙性子烈，路见不平，冲冠一怒，就要起了脾气，不看正龙眼色，便挺身而出，见义勇为。它探出头来，张开大嘴，吐出熊熊烈烈的火焰。丐帮不敢恋战，勒转龙头，仓皇撤离。观众害怕被火花烧灼，也急忙后退。火龙裹着烟云，卷起雄风，踩着鼓乐的节奏，歌舞而来。铁匠舀出一勺铁水，往空中一抛，奋力一击，"砰"——东边亮起一蓬火，"呼"——西边烧起满天霞。火花如红日粉碎，繁星天降，密密麻麻，呼啸绽放，燃烧奔逐，当头罩来。观众哄笑着，盯住火花的落点，左躲右闪。笑声一停，一个圆圆的舞龙场拓展开来。干花不失时机欢笑绽放，形成立体的火海。舞龙人头戴草帽、上身赤裸、下着红短裤，急速转动，与火纠缠，与龙俯仰，翻滚跌扑，强力蹦跳。火花尖啸着，四处乱溅，浓浓烈烈，连绵不断，扑来呛鼻的火药味，扑来刺眼的黄烟。观众抖衣服，抹头发，怕被火烧，却又期盼被烧着，因为，舞龙的火能烧去身上晦气，烧出好光景，好运来啊，于是，都惊惶的大笑，狂喜地躲

慢游龙

火龙舞

闪，呐喊声、惊叫声、喝彩声、爆竹的炸鸣声、欢腾的锣鼓声和此起彼伏的笑声交织在一起。元气淋漓的舞蹈和惊心动魄的观赏交汇成荡气回肠甜蜜惬意的惊惧和战栗。越舞越烈，越怕越爱，观众与演员、躲闪与追逐，现实与梦幻都在这火山爆发、火海倒悬中碰撞交融。

那时的龙都是纸扎，几场舞下来，已是破破烂烂，像一个饱经沧桑的老人，一步步走向圆寂，走向灵魂栖息的天国。当最后一束焰火凌空绽放时，火龙口中、体内、脊上突然喷火，无数干花一起喷射，形成立体的火阵，烛照茫茫夜空。舞龙人手持火把顺着龙脊浇油，举行神龙升天的仪式。舞龙场一片肃穆，目送神龙轰轰烈烈走完它的一生。而此时，富贵人家买通的看客会冲上去摘龙珠、攀龙角，并一路跑着送给买主，这叫送宝儿。接宝的人家今年定播龙种，生下贵子。

烧龙仪式结束，已是正月十六凌晨。民谣云：火烧门前龙，福照室内人。新的一年就在这浓重热烈、古典浪漫的仪式中红红火火地启程了……

第四章　民俗风情　147

二
最是婚俗动衷肠

洞房花烛夜排在人生三大乐事之首。人这一辈子，最幸福、最难忘莫过于步入婚姻殿堂，欢天喜地迎来社会最隆重的承认和亲友最真挚的祝福，从此进入新的社会角色，承担新的责任，走向新生活。

在安居，一对新人喜结连理，有一套程序约定俗成，历经千年，具有鲜明的地域风情和浓郁的文化特色。

安居古建筑

说人户

　　说人户，也即说媒。说，就是说合、撮合、说好。媒人"通二姓之好"，有两个条件：一是有一双巧嘴，能说会道，善于攻心，即使是在树上蹦跳的雀儿，也能够哄到手心里把玩；二是隐恶扬善，勤于跑腿，察言观色，善于沟通。那时，婚姻必须遵父母之命，听媒妁之言，自由恋爱视同"钻穴隙相窥，逾墙相从，则父母国人皆贱之"，这是遭到千夫所指，莫在世上混了！

　　媒人都是有心人。方圆十里八乡，哪家姑娘，哪个小伙已到适婚年龄，她会惦记着，从双方的家境、长相、人品等方面思谋、权衡，暗自配对，然后登门，探寻双方父母的意愿。媒人说明来意，笑声连连，说某个好人家的小伙（或姑娘）跟你家的孩子是天生一对，地上绝配。父母都想儿女有一桩美满婚姻，自然笑逐颜开，把媒人奉为上宾，端茶点烟，殷勤伺候。媒人刚一落座，热滚滚的醪糟荷包蛋端来，吃了细说。正餐自然少不了酒肉，宾主吃得嘴角流油，满脸红光。然后，话别，媒人便奔向另一家，重复刚才的话题。

　　安居流传这样的民谣：

　　　　扇子摇起笑哈哈，背时媒婆两边夸。
　　　　一说东家家底厚，一说西家有钱花。
　　　　才夸小伙人俊雅，又夸女子貌如花。

　　在说媒时，一方对另一方心存疑虑，媒人就使出浑身解数，死缠烂打，夸贫为富，说丑为美，志在必得。安居有这样的故事：媒婆说男方家富有，家里养了一百牛，喂牛的稻草上了一湾柏树，还有两只船在河里找零花钱。一百头牛是多大的家当啊，女方父母动了心，应了亲事。等到女儿嫁过去，才知上了当，一百牛就是一头长有白斑的牛，一湾柏树只是一棵树干弯曲的树，两只船是两只鸭子。这固然是笑话，但也见出媒婆巧言撮合之一斑。还有一个故事说媒婆给残疾人配对，善于导演：女方父母去男方家，准女婿在打雀，提着鸟枪，弯着腰，小跑过去，腿脚矫健；男方去女方家，姑娘在天井边刷泡菜坛，弯着腰，红着脸，模样清秀可爱。双方于是皆大欢喜。等到洞房花烛夜，这才发现，新人都是驼子。于是，民间有我不说你打麻雀，你也莫说我洗泡菜坛。媒婆把稻谷说成金条，哄得两边开心，就约定双方父母在茶馆见面。小伙子可随同父母一道去，姑娘却不许抛头露面，但是，姑娘没闲着，躲在屋里偷听，觉得满意，也会表明态度。安居流传这样的民谣：

背时媒婆气时夸，说得姑娘乐开花。
妈呀妈，生庚八字开给她。
背时女，啷想嫁？毛篡儿没得酒杯大。

姑娘觉得不满意，就会着急，对父母祈求，哀告，倾诉衷肠：

跟到媒婆去说亲，我娘眼睛要高明。
莫放吃烟打牌人，女儿遭罪害一生。
莫放残疾麻子人，一朵鲜花插牛粪。
放女街上坐贵房，放在乡坝晒太阳。
女儿出去人珍贵，我妈脸上也光辉。

茶楼相会，双方父母都在观察对方，观察相貌品性、言谈举止，接人待物。如果对方父母长相丑陋，言语粗俗，这一方会觉得有其父母必有其子女，于是，婚事没得下回分解。母亲是过来人，也懂女儿的心，审视小伙，生怕看走眼，误了女儿一生幸福。

如果都满意，就达成了结亲意向，男方就会选定吉日，请女方父母去家里做客。

说媒不轻松。媒人俗称"冰人""冰斧"，足见其难。媒人调

花筵酒

和阴阳，融洽感情，有的两家势同水火，也有的相距万里，这就加大了难度，虽说红线一牵就成连理，但是，说得好，双方幸福恩爱，被感激一辈子，说得不好，给两个家庭造成的伤害无法估计，也会被埋怨一辈子，所以，媒婆还有"倒霉婆"一说，有的人不愿替人做媒，原因也在于此。

乡下看人户，男方重相貌，女方看家境；而在城镇，在二十世纪六七十年代，突出的是二人世界，过的是年轻一代的生活，娶个媳妇丢个儿，说的就是这种婚姻。"三转一响"指的是永久牌自行车、蝴蝶牌缝纫机、上海牌手表和红灯牌收音机，在物资紧缺的年月，拥有这些就是宝塔尖的生活，就是神仙，进入天堂了。

合婚

初步达成婚姻意向之后，男方家问得女子的名字和出生的年、月、日和时辰，就找算命先生合婚。在这个环节，算命先生一言定乾坤，如果某一方盼望成就好事，还会事先打点，买通他，往好里说。

合婚具有神秘色彩，牵动着双方家庭的情感，反映出传统的价值观念和民俗心理。旧时认为生肖不合，夫妻会相克相冲，生活就会千疮百孔。婚配禁忌的生肖有：虎羊相配，羊入虎口；鸡

第四章 民俗风情 151

犬相会，鸡犬不宁；白虎犯青牛，羊鼠一旦休；蛇虎如刀错，龙兔泪交流；金鸡怕玉犬，猪猴不到头。在年龄上也有讲究，宁可男大十，不可女大一，女大三抱金砖，是旺夫的佳配；女大五赛老虎是婚配的禁忌。

看家物

看家物就是实地查看男方家境，若见陈设豪华，女方当然乐意，若见这家子女多，房屋狭窄，就望而却步。为了博得女方父母欢心，男方往往会千方百计展示有利条件。在缺吃少穿的年月，装粮食的木桶垫上稻草，上面撒一层粮食，还故意不盖严实，显示家境富裕。女方眼观六路耳听八方，走到木桶前，故意踹一脚，或拿木棒敲打，如果听到空响，就知道有假，如果声音沉实，自然喜在心头，觉得女儿嫁过来不会吃了上顿无下顿。做事细致的人家，还会请亲朋暗访，旁敲侧击探明虚实。宁拆一座庙，不毁一门亲，一般说来，人们都会打圆场，说好话。这时，男方提心吊胆，生怕有人说坏话，十个说客，不及一个戳客，一旦有人从中作梗，婚事十有八九没了下文。

上门

上门，就是纳吉，男方问名、合八字后，到女方家提亲，并送礼表示要订婚的礼仪。男方带着礼品，礼金，随媒人下聘。女方会宴请至爱亲友，一来显得隆重，二来共同目测未来女婿，听取意见，替女儿把最后一关。这时，无论外面如何热闹，姑娘依旧待在闺房，不能跟未来夫君见面，也有胆大的闺女偷偷从门缝窥视。遇上泼辣的女子才不管那么多，故意迎面撞见，看个仔细。安居流传这样的民谣：

五月是端阳，新女婿看丈母娘。

>左手提块肉，右手提封糖。
>
>刚好放在桌子上，迎面走来个大姑娘。
>
>你说她干啥？偷看她的小情郎。
>
>身材高大，相貌堂堂。
>
>身强体壮，好配鸳鸯。

如果这一关过不了，主人就会给男方端来一碗白开水。白开水淡而无味，意味着白来了；如果没意见，就端上一碗荷包蛋，给男方吃。好事成双，碗里的蛋有两个，蛋白铺开白玉般椭圆形的环，蛋黄隆起金黄色的弧线，香喷喷，热滚滚，甜透心。荷包蛋下肚，认婚大礼谢幕，婚事一锤定音。

第一次上门，小伙子生怕印象不好，婚事吹了，言行拘谨，站有站相，坐有坐姿，还恪守烟三杆，酒六巡，饭三碗的规矩，显得有些傻乎乎的，所以，就会被未来哥嫂逗弄，酒喝到趴下，饭胀得打嗝。多年后，兄妹相聚一直作为笑谈。

上门后，双方就是亲戚了，逢年过节，红白喜事人情往来，互相走动，以示友好。

议婚

双方走动一年半载，如果一方觉得不恰当，就会退婚。若是男方退婚，礼金不退；女方反悔，悉数退还。如果感情渐浓，就可以商量婚期了。首先是择吉，根据双方出生年、月、日和时辰，配以天干地支，推算结婚日子。男方带同聘礼到女家，求女家同意。择日时注意不在"寡年"结婚，否则，夫妻口角不断，常有摩擦，难有小孩，也不能在盲年，也就是没有立春的那一年。另外，还要避免属相相冲的那一年结婚，比如生肖属"牛"的，就不选在"牛"年和"羊"年结婚，以免伤了本命。月份也有避忌，一般不选择农历五、七、九月结婚，因为这几个月称为"恶月"，会有很多鬼怪出没作祟，在这期间办婚礼的话，可能会对新人不吉利。

媒人两边走动，商量彩礼和嫁娶事宜。婚期议定，男方会按照女方所列礼金清单，及时送去，女方也开始办陪奁。比较起来，男方轻松一些，请主厨、计算婚宴桌席、安排食材、租赁花轿、明确迎亲人选。女方复杂得多，大户人家做婚床，雕花描凤，就需一年多，置办铺笼帐被、箱柜桌椅，也是费尽心机。一般人家嫁女，为了脸面，也竭尽所能。出嫁时，牙床、衣柜、穿的、用的挑着，抬着，浩浩荡荡蔚为大观。

哭唱

新娘出嫁前一个星期左右，哭嫁歌声响起，族亲、乡邻送礼看望，谁来谁哭，开口就唱。如果新娘子不唱，会被人讥讽没家教，一心想嫁人，丢人现眼，被村人戳脊梁骨。唱是礼节，也有规矩，不可乱唱。其内容有三个方面：一是感谢父母的养育之恩，感谢哥嫂弟妹的关怀之情；二是泣诉即将逝去的少女生活和对未来的担忧和不安；三是倾诉对婚姻的不满，对媒人乱断终身大事的痛恨。

哭嫁起源于春秋战国，在《赵国策》中记载赵太后送女出

坐歌堂

嫁，临别时"持其踵为之泣，念悲其远也，亦哀之矣"。哭嫁风俗从宫廷流传民间，直到二十世纪六七十年代，安居嫁女，家中时有歌声响起。越是聪明的姑娘，歌声越是婉转动人。人们把唱婚嫁歌作为衡量新人才德的标准，唱得越久，越感人，娘家就会越发达，新人未来的生活就如芝麻开花节节高。即使唱到嗓子嘶哑，还要请闺蜜接着唱。在结婚前夜，新娘家坐歌堂，请来黄花闺女独唱、对唱、轮唱，有帮腔，有伴唱，热热闹闹，情谊深浓。

坐歌堂是姑娘出嫁前夜，惜亲别友的传统习俗。时至今日，在乡村依然时有所闻。

新姑娘出嫁前夜的酒宴叫花筵酒。筵席散后，新姑娘家的正房堂屋便布置为歌堂。

歌台由两张饭桌镶成。歌台上方居中搁一面镜子，正对新娘。台上点着红烛，放置一叠叠崭新的硬币。陪嫁的床上用品择精美的摆在屋里显眼处。

坐歌堂的全是黄花闺女，是一线明星，少妇是群众演员，称为散大姐，没有座位，靠着墙站着，凑热闹。

在笑声荡漾、红烛光闪的喜庆气氛中，新姑娘盛装华服，由银灯姐妹从闺房里牵扶出来。新人坐歌台上方正中位置，右为银灯姐，左为银灯妹，歌台下方和左右为散大姐站位。银灯姐妹或是新姑娘闺蜜，或是特意请的歌唱好手。散大姐是过来人，站在歌堂，岁月倒流，心中感慨万千。黄花闺女有的善歌，有的不会唱，抱着拣歌的想法，为日后大喜日子做准备。

花筵酒夜之后，新人就结束少女生活，离别父母，离别一同长大的姑娘大姐了，因此，惜别的深情、对新生活幸福的祝愿自然成为歌堂的主题。

新姑娘两颊绯红，泪光闪闪，掏出手帕，捂着眼睛，哭请银灯姐妹开唱——

一张桌子四角方，新人今夜坐中央。
好耍妹子要分散，都到歌堂唱一场。

第四章 民俗风情

新人唱得真切，唱得深情。这一请，银灯姐便轻启芳唇，露出两排皓齿，唱出《起歌堂》：

红烛闪闪照华堂，姐姐出嫁离爹娘。
我把歌堂来起起，奉请各位小娘娘。

毕竟是大姑娘，又面对众人，加上屋外还有"不听白不听"的男人在窥视，因此，歌堂上你望我，我望你，一时都不好意思第一个唱。

虽是短暂的沉默，却急坏了新人：不坐歌堂不发财，歌堂冷清财难来呀！新姑娘便急忙打破僵局，满含期待地请唱……

蜡烛照起闪辉煌，眼泪汪汪好凄凉。
一请同胞亲妹妹，二请嫂嫂又舅娘。
三请表姐又表妹，四请隔房也陪堂。
五请邻居好妹妹，六请侄女小姑娘。
今夜谁歌陪得好？谁歌还比谁歌强？
陪的就请开金口，听的姐姐莫歇凉。
歌堂立起这么久，哪个先来陪一场？
人情做起千年在，你们二回也离娘。

一歌唱罢，新人抽抽咽咽，泪汪汪举目寻望和歌者。

青梗梗，叶叶长，我陪姐姐坐歌堂。
人又小，歌又长，四方大姐莫笑我，
我陪的不是假过场。

银灯妹人小，歌声娇嫩清脆，真挚淳朴，打动了姐妹们的心。于是一支支歌唱了起来：

天上落雨沙沙沙，金盆打水淋菊花。
菊花落在金盆底，姐姐落到富豪家。

恭维，羡慕，祝福新人，也唱出了自己的美好愿望。

好吃不过灵芝水，好耍不过我妹妹。
好吃柑子要剥壳，好耍妹子要出阁。
好吃柑子要分瓣，好耍妹子要分散。

歌声低回婉转，表达出依依惜别的深情。

就这样，一曲接一曲、一歌连一歌，唱到意气酣畅之时，一人唱，众人和，唱的就更展劲，一支完了生怕别人接口，赶紧续上另一支歌。此时，不会唱歌的也跟着哼，用心记。

性急而又好不容易接唱的开始调皮了。她唱道——

苦瓜开花藤藤多，你个大姐会唱歌。
你有好歌再唱个，明朝花轿让你坐。

屋外的小伙听了，一阵哄笑并高声说："要得，花轿给我抬起来。"小伙春情勃动，荷尔蒙溅出火花，亮起嗓门：

大河涨水小河浑，不知河水有多深。
丢块石头试深浅，唱支歌儿试妹心。

歌声未落，满堂欢笑，笑得那会唱歌的姑娘红着脸，低着头，用拳头捶打旁边的姐妹。在有异性介入时，女人们结成统一战线，那出了嫁的女子扯开嗓子，对屋外唱骂——

麻柳开花吊吊多，哪有男子来听歌？
只有房檐挂檐灯，哪有房檐挂乌龟？

第四章　民俗风情　157

明早请来把席坐，今夜快去睡狗窝！

　　泼辣的语言、粗犷的旋律，似乎吓住了屋外怀春的小伙们。一阵笑声之后，一个个静悄悄的，再也不敢轻举妄动了。

　　谁知，这却引发了对新人的逗弄：

　　　　墙上一窝菜，风吹两边摆，
　　　　好个美女子，配个猪八戒。

　　这歌触动了新人心中的担忧，泪珠滚过脸颊，滴落胸前，黄花闺女们也哭了，姐姐的今天就是自己的明天，将会嫁个什么样的男人？未来的日子是痛苦还是欢乐？歌堂的气氛变得低沉，压抑。于是，新人接唱，骂起媒人来：

　　　　豌豆花开看到你，摇摇摆摆来家里。
　　　　好孬说来都有理，说得我娘心欢喜。
　　　　油嘴滑舌说鬼话，骗吃骗喝胡乱夸。
　　　　夸说男方房子大，不如隔壁南瓜架。
　　　　夸说男方大田大，三窝秧子栽不下。
　　　　夸说男方有金砖，全家穿的破衣衫。
　　　　夸说男方是帅哥，满脸都是麻子窝。
　　　　金丝帕儿包胡椒，不骂媒人气不消。
　　　　死砍脑壳媒婆婆，哄得女儿没着落。
　　　　以后从我门前过，放狗咬你不得活！

　　新人骂媒，怒火满腔，音韵悲凉，具有强烈的反抗色彩：人生大事全由媒人摆弄，嫁鸡随鸡，嫁狗随狗，也不知是福是祸，心中的恨积郁已久，借歌声一吐为快。

　　这一骂就触动了心中万般情感，新人呜呜咽咽，泪水长流。明天就要告别父母，走去婆家，心中涌起万般不舍：

冷风飕飕屋外吹，女儿今夜把娘陪。
女儿生长十几岁，行坐不离紧跟随。
媒人做事良心昧，要女离娘家不回。
儿不能学羔羊把娘跪，儿不能学乌鸦反哺归。
今夜双膝堂前跪，明日孤雁两边分。
怎不教人肝肠碎？怎不叫人暗伤悲？

嫂子出于对妹妹的关心，便语重心长唱起了《十劝姑娘》，诉说过来人的生活感受：

一劝姑娘家，不要泪如麻。
儿是爹娘心头肉，欢喜到婆家。
婆家不比在娘家，说话要文雅。
二劝姑娘家，改姓到婆家，
公婆姑嫂要和好，莫去把嘴吵。
三劝姑娘家，早晚在婆家，
大伯小叔莫叉巴，才算是行家。
四劝你哥嫂，妯娌要和好，
大的让小的，莫要把嘴吵。
五劝若家贫，不要怪媒人，
富贵贫贱由天定，由命不由人。
……

十劝姑娘，一腔深情，在场的姑娘大姐听得专心，点头心领。

也许是嫂子的歌启发了新人，她深情地望着各位歌者，对着姐妹们唱出了心声，诉别情，话衷肠，规劝，提醒——

一颗星，一颗明，姐姐莫要嫁懒人。
我把懒人说你听，成家立业不得行。
……

新人的真挚情谊感染着姐妹们。她们也将真诚回报——

七月秋风渐渐凉，荷花吹落在池塘。
明早妹妹出嫁了，没钱给妹添得箱。

这歌，既表歉意，又在提醒。新人心领神会，便向爹妈、向其他长辈讨押箱钱——

金灯碗，银灯碗，照到女儿要押钱。
六百没有五百有，爹妈早点拿出手。

当爹娘的笑意盈盈，给女儿送上押箱钱，姑姨、叔伯婶婶也一一送来。新人立即将准备好的喜钱赠给陪歌姐妹，于是皆大欢喜，笑声满堂。

夜渐深，歌正酣。想到新人明朝大喜时还有许多应酬，姐妹们不忍心让她多劳神，便由银灯姐唱《拆歌堂》——

风吹门帘响叮当，主人请我拆歌堂。
拆歌堂，起歌堂，今夜新人听端详。
好歌不在一夜唱，好花不在一夜香。

青年们利用新人家的歌堂，一方面惜别相知相爱的姐妹，一方面对歌交流歌艺。

扯脸

扯脸是新姑娘出嫁前庄重的仪式，扯去脸上绒毛，象征着黄花闺女长大成人。

未婚的姑娘被人称为黄毛丫头，胎毛未褪，稚气未消，不能称作"大人"，因此，姑娘出嫁前，必须扯脸，扯去脸上的

新娘梳妆

汗毛。

  扯脸,俗称"开脸"。开脸人选有两个条件,一是女性长辈,婶娘、姑母、姨妈都行;二是有福相,来自吉庆之家。开脸不用剃头刀刮,而是用新棉线扯,用嘴咬住细线,双手拉紧,滚动棉线,黏附姑娘脸上的汗毛,慢慢扯下。其工序是先在姑娘脸上涂抹痱子粉,用细线在姑娘脸上形成一个活动的夹角,来来回回,一遍一遍地扯尽脸上汗毛,再剥开熟鸡蛋,用蛋白在脸上滚动按摩,滋润皮肤、防止感染。

  最后修眉毛,先把眉毛梳理整齐,然后定型。

  上述程序完成后,再梳顺头发,盘成发髻,黄毛丫头走出深闺,变成俊俏媳妇。

迎亲

  一番浓墨重彩的铺叙,紧锣密鼓的排演,婚礼大幕开启。正式结婚的日子叫正婚。女方大宴宾客,为新娘送行,菜品或煎、或煮、或炖、或油炸,扣肉、二肥坨、酥肉、粉蒸肉、汆烫等等,俗称"十大碗"。新娘梳妆打扮,吃了母亲煮的离娘饭,女

花轿迎新

儿再唱哭嫁歌，难舍难分，依依惜别。

花轿临门，喊礼先生嗓音清亮，新娘哭得稀里哗啦，在亲人的陪同下，走出家门。

新郎迎接新娘，是婚礼最隆重的礼节。喊礼先生发出指令，新娘蒙上盖头，由新郎背上轿子，新娘双脚不能落地。一声起轿，锣鼓开道，节奏悦耳，乐声喜庆悠扬。新郎紧紧跟随花轿，一路护着。送亲客有新娘的哥哥、嫂嫂、弟弟、弟媳，哥嫂还会带上儿子，含有"送子"之意。送亲的还有新娘的堂妹、侄儿、侄女，年龄小天真可爱，给婚礼增添欢乐活跃的气氛。送亲队伍行走次序也有讲究，媒人牵线搭桥，理应带路，走在花轿之前，依次下来是鼓乐吹打，然后是女送客，柜子在陪奁之前，寓意早生贵子。婚床、梳妆台、书桌、箱子及床上用品，一路抬着，挑着，叽叽嘎嘎，迤逦而行。行前，抬杠、扁担，要做细致检查，万不可出现中途断裂的情形。那是最大的不吉利，将给婚礼蒙上一层厚重的阴云，甚至在婚后很长一段时间，新人都会提心吊胆，求神问佛，祈求来日平安。这担忧虽然在科学之外，却一直在民间萦绕。

花轿走走停停，翻岚垭，过桥梁，轿夫都会索要喜钱，一路

巴渝古镇·安居

嘻哈打笑，走走停停。花轿到达新郎家门口，要停下来，向四邻昭示，然后，新郎掀开轿帘，背着新娘跨过火盆，跨马鞍，寓意婚后日子红红火火平平安安，接下来拜堂，一拜天地，二拜高堂，向父母敬茶，新娘改口称叫爸妈，夫妻对拜，送进洞房，新娘静静地坐在婚床上，等待着新郎揭开盖头，夫妻第一次四目相对，喝交杯酒。

铺婚床也有讲究。铺床人必须是有福气的长辈女性，夫妻健在身体好，上有白发高堂，下有儿孙绕膝，还要求能说会道，风趣幽默，这样，就能把她的福气传给新人。铺好竹篾编织的床笪，再铺棕件或稻草，在稻草里藏四块木柴，寓意四季发财，即使睡上去不舒服，也要等到数天后，才能取出。床上用品鲜红闪亮，寓意日子红火吉祥。枕头一对，绣着鸳鸯，被子两床，好事成双，一边铺排，一边说着吉祥话，然后，在床上撒枣子、花生、糖果，还安排几个活泼聪明、模样俊俏的小娃儿滚床，有钱人家请来小金龙，在新房玩舞，穿过婚床，寓意早生龙子。

新婚之夜闹洞房，戏新妇，把婚礼推向高潮，安居三天不分老和少，新人和新郎的父母都会被取笑，戏弄。如果洞房狭窄，疯闹就在宽敞的堂屋举行。新郎家请来一个头脑灵活，巧言善辩的男性主持。

在那个封闭的年月，对性讳莫如深，新娘子在大庭广众面前，听荤话，和新郎亲昵，往往羞涩放不开，宾客就起哄，喝倒彩，并施以薄惩，所以，闹房有性启蒙的作用。

先是新娘和主持人互动，点烟。主持人故意昂起头，让娇小的新娘够不着，人们就起哄，请新郎抱起新娘，然后，过独木桥，那是一张窄木凳，走到中间，只能由新郎抱起新娘完成，可是，新娘害羞，就从凳子上跳下，这又激起反对的声浪，甚至有宾客挽起袖子，要替代新郎完成这一高难度的动作，新娘哪敢激起民愤，乖乖地配合。这当中，无论宾客如何戏弄，新人都不可使脾气，否则，将会被人们笑话很多年。

不过，宾客们也不会太出格，时间也不会很久，春宵一刻值

第四章 民俗风情 163

千金，洞房花烛夜可是人生最大的乐事。人们见好就收。新人不失时机，发放喜糖、瓜子、花生，宾客们也就愉快地离开了。

但是，也好事者悄悄溜去墙角，听房，屏住呼吸，竖起耳朵，听新房里的动静，说了什么话，有什么声响，作为日后的谈资，调笑这对新人。

新婚大喜，讲究很多，穿的衣服、坐的花轿、碗碟杯盘等一切用品，不可破损，否则视为不吉。民间信誓旦旦，某女出嫁，轿杆断折，不几年就病逝；某男婚庆，酒杯碎地，婚后诸多不幸云云。

新婚时，新娘不能穿新郎的鞋，要是穿了，新郎就惨了，日后，新娘子怀胎时，害喜的就是男人，恶心呕吐，吃酸吃辣，妊娠反应极其强烈。有的新娘故意穿新郎的鞋，不是恶作剧，而是撒娇。因为，一旦害喜，一会儿想吃这，一会儿要吃那，男人不愿买，嫌其花钱，女人就把新郎官的鞋子穿一穿，让男人也尝尝怀孩子的滋味，也受受害喜的折磨，懂得做女人的艰辛，把老婆捧在手心里，惯着，爱着。

回门

新婚三日回娘家，俗称回门。新娘在穿着上有讲究，必须是新郎买的喜庆庄重的新衣，礼物是双份，由新郎的母亲准备：猪肉、鸡蛋、挂面或当地的土特产，回门宴注重欢快、圆满，宴席上，长辈免不了谆谆教诲，提醒，告诫，祝愿夫妻恩爱，一生幸福。新人要聆听长辈教诲。回门时，新娘、新郎不能睡一张床，那会给娘家带去不吉利。

谢媒是回门的重要事项，礼物常是包着红纸的猪肉、挂面和装有钱的红包。媒人打开红包，嫌钱少，就退回去，新娘子的母亲就会添加，但添加的不会很多，因为，要反复几次。媒人收下礼物，用红布蒙头，转身就往家里跑，这时，新郎官就会点燃鞭炮，追赶，一鞭炸完，追赶止步。媒人也不说谢，更不回头，因为，"媒"和"霉"谐音，这样才能摆脱霉运，鸿运当头。

一般来说，回门当天，新人就必须回家，因为，新婚的洞房不能空。

自此，一对新人终于完成了人生的重大仪式。十年修得同船渡，百年修得共枕眠。生活翻开崭新的一页，从此以后，爱情的保鲜、婚姻的维系是一生的责任，子女的关爱也是终身的义务，磨难坎坷风雨同舟，幸福生活同创造。

三
川剧故事《碧玉簪》

清朝嘉庆三年（1798年）的一个月夜。安居古城。狂风顿起，涛声怒吼，浓云翻滚，明月惊惶地躲入黑暗之中。风声夹着叹息，诉说着一个凄婉的爱情故事。

一年前的春天，涪江畔，李尚书府，修竹亭亭，桃花竞放。正房桃花厅中，寿烛红艳，笑语声喧。寿翁李志，当朝礼部尚书，笑盈盈从内室步出，连连向众宾拱手施礼。虽说年届五旬，他仍乌须黑发，双目有神，脸色红润，一条长辫子与那细绸长衫一样的油油生光。"各位嘉宾请便，品茗、吃糖、嗑瓜子。"他边说边落座在那把檀香木椅上。

"铜梁安居王翰林到——"话音未落，翰林已步入正房。

"在下王金田，给尚书大人拜寿。"

"免礼，免礼，快快请起！"尚书扶起翰林，向众宾拱手致意，走向内室。

二人乃文字之交，诗词唱和，情长意深。

宾主落座，李尚书道："仁兄赋闲在家，怎么不偕嫂夫人来呢？"

"拙荆守家，贱息玉林与我同行。"

尚书问："令郎青春几何？"

翰林答："年正弱冠。"

"读了哪些书？"

"四书、五经、唐诗、宋词。"

"想来玉林一定才如其父,笔落惊风雨吧?"

"县考第一,刚中秀才。"

"哦,后生可畏,叫他进来,我要考考。"

丫环春兰带进一英俊后生,尚书看他如玉树临风,心里已有几分爱意。

"尚书大人在上,玉林带来四色寿礼,拜祝寿诞。"

"好,起来,起来。"

春兰用茶盒接走寿礼。

"贤侄,我看你外表眉清目秀,定有锦绣肝肠。"尚书理理长髯,"不过,今天,要考考你——春兰,快请小姐。""爹"一声莺啼,小姐月英轻盈飘出。只见她云鬓轻拢蝉翼,蛾眉淡扫春山,体态婀娜,娇丽无比。玉林春心怦然跳动,目光若即若离,只往小姐鬓上玉簪瞟。那玉簪,碧绿晶莹闪亮,月貌花容,更加迷人。

"儿啦,这是为父的至交,安居王翰林。这是翰林的公子玉林,县考第一名秀才,儿愿与秀才比比么?"

第四章 民俗风情 167

"爹"月英娇嗔地努努嘴，回身道，"伯父、公子，爹如此激我，小女子献丑了。"

月英浅浅一笑，说："秀水美哟，有道是欲画秀水难倒墨客。"

玉林答曰："安居奇呢，常言说想歌波仑困惑诗星。"

此时，忽听后院春兰一语："这卤鸭头咸了。"月英暗喜，吟道："丫头啃鸭头，鸭头咸，丫头嫌。"

玉林随口说："童子打桐子，桐子落，童子乐。"

尚书听了，严峻的目光里露出一丝微笑。

月英冷冷一问："你今来此，有何贵干？"玉林甜甜一笑，起身对尚书深深一拜，口占一诗：

桃花竞放笑春风，歌满华堂喜烛红。
玉儿踏浪来贵府，长跪尊前拜寿翁。

"贤侄请起。"尚书春风满面，扶起玉林。月英捧起茶碗来，羞涩地递过去："公子才华横溢，佩服佩服。"她一瞟玉林，秋波暗转。飘然入内。

尚书大喜，要把女儿许给玉林。王翰林谦恭地推诿："官职尊卑，难结秦晋。"但尚书主意已定，当即托知县主媒，完就好事。

这事急坏月英表哥杜文友，他早就喜欢表妹了。但事已至此，又无可奈何，急切中想出一离间计，花重金买通尚书府的孙婆，要他设法将月英的碧玉簪弄到手。

娶亲的日子到了，尚书府喜气洋洋。绣楼中，孙婆在为月英梳洗打扮。趁月英不注意，悄悄地把碧玉簪藏在袖中，然后瞅空给了杜文友。

礼炮声声，新人上轿，喜船逶迤，溯江而上开往安居。

王翰林娶媳，安居轰动，人们迎出几里远，沿江看闹热。当彩船开拢黄家坝时，礼炮、锣鼓、唢呐震天响。安居后河沟翰林府张灯结彩，笙鼓箫歌，喜气洋洋。

新人拜天地入洞房。玉林急切地揭开月英的大红盖头，轻轻放在床头的银柜上。就在此时，他看见柜上有一封信，信封写着：文友表兄亲启，玉林一愣，随即打开信，又发现一枚碧玉簪，他不看则罢，一看气冲斗牛。

幸福涨满月英胸膛，她感到一阵快乐的眩晕，微闭着发烫的双目。当盖头巾掀开的一刹那，那激动的心就要撞破胸壁，幸福的一刻盼着了。

"你这贱妇！"一声怒斥，喜烛的火苗抖了几下。"郎君，你怎么了？"猛一嚷，吓得月英发抖。

"你，你干的好事！"玉林猛地蹦起，椅子弄翻了，"啪"的一声，将玉簪掷在床褥上。

月英吓了一跳，循声望去，玉簪！她不敢相信，定睛看，是真的，那玉簪上镶嵌的宝石正幽幽放光呢。月英真糊涂了，这玉簪不是丢失了么？

"你说话呀！"玉林又猛地一呵斥，"你是大家闺秀，金玉之体，怎么能在闺中就与人……唉——"

一夜无眠，新人愁坐。

月英生在大户人家，知书达礼，孝敬公婆，她忍着痛苦，不露半点痕迹。这愁坏了陪嫁的贴身丫环春兰，她知小姐委屈，思前想后，觉得事有蹊跷，但又不好言语。

光阴似箭，转眼就是第二年端午。

初夏的阳光，照着岸边企盼龙舟的人群，照着雄浑奔腾的江水。迎龙门处，琼江、涪江欢腾拥抱，激起雪白的浪花。白帆、水鸟飘然随风，江风、涛声气势雄壮。

母亲、玉林、月英和春兰早早来到望江楼。月英殷勤问这问那，玉林板起脸，一言不发。母亲瞪了儿子几眼，碍于人多眼杂，不便发作，便拉过儿媳，挨自己身边坐下，细细讲起安居的轶闻佳话。

忽听炮响，龙舟竞渡开始了。呐喊声、擂鼓声、桨橹击浪声

第四章 民俗风情 169

混成一片。龙船像蛟龙，翻江倒海而来。正在精彩处，老院公匆匆来报："嘉庆天子恩准李尚书告老还乡，亲家公就要驾到了。"

一行人急匆匆赶回翰林府，个个大汗淋漓。月英心痛丈夫，给他擦汗，玉林劈手夺过手绢，骂："贱人！今天你老子来了，正好休你。"急得王母跺脚捶胸，打发老院公去请王翰林立即回府。

月英哭泣着走进内室，仍心系丈夫。她打开箱奁，取出一把洒金白扇，送到玉林手边，说："夫君，这是胡人进贡嘉庆天子的宝扇。天子爱我父忠臣之心，恩赐于父；月英出嫁，父亲有爱女之心，陪嫁月英；今日天热，月英有疼夫之情，敬赠夫君。"

玉林狠狠一瞪眼，"哗"的一声拉开宝扇，连撕带扯，又掷地践踏，还骂道："明明是奸夫所赠，不稀罕！"

月英心疼极了，赶忙俯身去拾，不提防被玉林一脚踏在指上，"嚓"的一声，手指断了。月英号啕大哭起来。

正在这时，李尚书、李大人、杜文友、孙婆和校卫一行来到府中，目睹这情景，尚书怒火中烧。在家中，他已得知女儿遭冷遇，今天是赶来讨公道的。

王母早奔过去扶起儿媳。春兰搂着小姐已泣不成声了。李夫人叫一声"儿呀"，母女俩抱头痛哭。

尚书大人怎受得这等欺辱。"畜生！"李尚书厉声训斥玉林，"我不计贵贱贫富，择你为婿，是爱你的道德文章，谁知，你竟跟村夫野汉无异！"

玉林哼了一声，掏出一封信，交给岳父。

尚书一览书信，气得直瞪眼，他唤过李大人，急得要用家法惩治月英。春兰急了，赶紧护住，说："不明不白的，还要打。要打死吗？"

春兰夺过信一看，冷笑说："哟，好蹊跷，这信上的字，是哪个王八蛋的笔迹？"

尚书被提醒了，赶紧叫小姐写字对照，月英忍痛写了：苍天在上，我未负夫君。

笔迹验对了，尚书瞪视玉林："你还有什么说的？"

文友心虚，直往旁溜。

玉林又掏出碧玉簪，说："请看，这里有定情信物呢！"春兰说："看看吧，在场的有的作贼心虚呢。"尚书放眼一望，孙婆目光躲闪，直往一旁瞅。尚书一喝："你干的好事！"那孙婆何曾见过这阵势，双腿一软，还不等审问，就从实招了。

文友赶紧跪下，磕头如鸡啄米。

真相大白，月英与母亲哭得成了泪人儿。

王母气极，训责玉林跪下。

尚书拿起玉簪，深情地别在女儿头上，说："这玉簪是你祖父、祖母的定情之物。这龙头、凤尾的图案，表示祖父、祖母的结合，玉簪上还刻有时间。簪是蓝田碧玉琢磨而成，中间嵌有黄金和宝石，是我家的传家宝呵。"

玉林泣不成声，跪着挪向月英。月英突然两眼一黑，"哇"的一声，吐出一汪鲜血，便人事不省。春兰等七手八脚扶她进内室，又赶紧出门，请大夫去了。玉林摆好香案，长跪院子中央，对着茫茫苍天磕头。

不知是谁，伴着琵琶深情地唱：

"但愿人长久，

但愿花长秀，

琵琶声声诉衷肠，

泪湿罗裳透……"

四
寡妇脱白

安居建县之初，女子地位很低，婚恋不自由，即使遇见了喜欢之人，父母不同意，也只有含着泪水悄悄分手。女子的婚姻由父母和媒人控制，嫁鸡随鸡，嫁狗随狗。这还不算悲，更悲的是，在如花似玉的年龄，死了丈夫，还不许改嫁；如果守不住寂寞，和别人偷偷好了，那就大难临头：女人被装进猪笼，丢进江水中喂王八，娘家还为此背负骂名，遭千夫所指。不幸的女人若能安心守寡，抚养遗孤，赡养公婆，县衙会给她立贞节牌坊，以示嘉奖。

直到有一位姓窦的女子，遇上了姓窦的县令，这种现象才得以扭转。

窦姑娘命苦。

窦姑娘乖巧伶俐，粉嫩粉嫩的小美人，才十四岁，就出嫁了。夫家很是诡异：公公四十岁像牛一样壮，大伯十六岁，也红光满面，婆婆身体好好的，一觉睡去，就再也没有醒过来，十四岁的未婚夫说病就病了，面黄肌肉，眼眶深陷，四肢酸软无力。男方想用冲喜的方式冲掉痛苦和不幸。

花轿临门，新郎撩开轿帘，背起新娘，抬脚跨过象征生活红红火火的火盆，一脚迈出，重心不稳，身子晃荡了一下，就往地上倒去。一旁的哥哥急忙伸手，把弟媳妇儿抱在怀中，并伸出另一只手抓住了弟弟，新郎官才没有倒在火盆上。

半夜里，洞房传出了哭声，新郎死了！冲喜没能冲走小男人的病痛，反而要了他的命。新娘哭哑嗓子，哭肿了眼睛，哭得死去活来。待到男人入土，女人已经形销骨立，衣服明显大了，穿在身上空荡荡的。

窦姑娘独守空房，度日如年，小丈夫烧了头七，她抽空回娘家散散心，住了一夜，哥哥就指桑骂槐撵她走。她躲在曾经的闺房里，不出门。父亲闯进来，喝令她出去，她不听，父亲竟然揍她，吓得她跑进灶屋，钻进炉孔，由于太用力，身子卡在里面，退不出来，父亲攥住她的一只脚，把她拖出来，顺手操起屋檐下的扁担，朝她劈来。

邻居小伙子夺过了扁担，叫她快跑。她看一眼小伙子，哇哇大哭。这小伙与她一同长大，青梅竹马，小时候玩游戏，窦姑娘当过他的新媳妇儿。

心里的委屈变成了恨，窦姑娘冲出娘家，发誓再也不回来，可是，爬上对面的垭口，突然觉得前路渺茫，于是，就靠在黄葛树上，愁眉紧锁。

树后钻出一个人，她的竹马。她伸出双手，扑了过去，却突然觉得四周都是眼睛，吓出一身冷汗，急忙转过身来，跑了，跑出几步，又回过头。小伙子还站在那里，含情脉脉。只有来生了，姑娘想说，张张嘴，没说出来。她走过一条沟，回头看，小伙子依旧站在那里，朝着这边张望。

一个老鳏夫，年富力强，一个少寡妇，花容月貌，加上一个就要成年的大伯子，在同一屋檐下，生活相安无事，气氛总有些暧昧。邻居看这家人，眼光带着坏笑，觉得好戏将要开演。

夏天的一个晚上，窦姑娘做完家务，顾不得房间里的炎热，关严屋门，就着油灯，给公公做布鞋。才纳了三排鞋底，就听见头上呼呼响，抬眼看，一条蛇从墙缝里钻出来，吐着芯子，伸出脑袋，左摇右晃。她惊叫起来，打开房门，冲出去，和一具热烘烘的身子撞在一起。蛇！蛇！她抱住哥哥，全身颤抖。

哥哥捉走了蛇，窦姑娘不敢回房间，却不得不回去，心神不定,被纳鞋针戳伤了手指,再不敢叫,默默地用嘴吮吸。夜深了,哥哥在隔壁没睡着,啪啪声传来,是在打蚊子。窦姑娘拉着麻绳,忽儿——忽儿。哥哥听得心慌。两次抱住弟媳,第一次没感觉,这一次,却让他心跳加速,很久都不能平息。窦姑娘躺在床上,翻来覆去睡不着,一入睡,就梦见小伙子从树后走来,和他玩娶媳妇儿的游戏,哥哥突然冲出来抱着她。她惊醒了,隔壁的哥哥在翻身,弄得床叽叽嘎嘎地响,于是,窦姑娘再也睡不着了,睁着眼睛到天亮。

公公看出了年轻人眼神的躲闪,心中暗喜。老人想抱孙子,很迫切,就要儿子和媳妇圆房。他说明了意图,也就是下了命令。儿子一听,低头不语;媳妇却哭了,跑回房间,关严了房门。窦姑娘从邻居嘴里得知,这家人有怪病,说不准哪一天,噩梦又会降临;况且,她心中有人。那人疼她,她看得出来,可是,寡妇不许改嫁,怎么办呢?老天爷!

老天爷不长眼。高温连晴,稻田裂开了口,秧苗蔫溜溜的,竹叶黄了,风吹来,发出干燥的响声。窦姑娘在江边洗衣服,心里发愁,忽然听见鼓乐声,一行人耍着龙灯,走来了。走在前面的三步一叩头,喊着救啊,救啊!声音凄惨。这是要去圣水寺求雨。领头的是安居县县长,走得汗流满面,上身的衣服也湿透了。窦姑娘眼睛亮了:县长爱民如子,心地善良。我这尴尬处境,她一定会体谅的,只要他开金口,就有救了。

窦姑娘提着礼品,借口回娘家去。在黄葛树下见到小伙子,说了心中打算。小伙子喜出望外,连连点头。

县衙门口,擂响了鼓声。窦姑娘递上诉状。县令升堂,问了案情,得知是寡妇要求改嫁,就皱紧了眉头,跪着的寡妇,虽是月貌花容,却是神色凄惨,不及二八芳龄,这一辈子早着呢。他同情,却很为难,拿起状子,一行文字跳进眼帘:

夫死无子,公壮伯长,嫁改与不改?

十三个字,写尽心中悲苦和尴尬,这姑娘有胆识。县令激动了,提笔,写下两字:改嫁!

第二天一早，媒人来了，和公公商定了彩礼，下午就送了过来。事已至此，公公无可奈何，就恼羞成怒，诅咒，刁难儿媳：寡妇改嫁，过桥桥垮，走路路塌，离开夫家，莫带根纱！

窦姑娘和新夫约好了：半夜，在后门相见。

盼得夜深，听得一声鸡鸣，窦姑娘脱去身上衣服，赤条条站在黑暗中，心里甜蜜紧张而又慌乱害怕：害怕哥哥站在门外，害怕公公节外生枝，害怕新夫走迷了路，摔伤了腿。她拿起扇子，扇灭了前夫灵前的烛火，月亮从云中钻出来，皎洁的光芒透过亮瓦，照进屋来，像无数明晃晃的眼睛，吓得她魂飞魄散，手脚冰凉。风沙沙响，月亮躲进了云层，屋后传来两声斑鸠的叫声，这是两人约定的信号。窦姑娘心怦怦地跳起来，拉开门闩，踮着脚，走了出去。一件宽大的衣服披在她身上，新夫背起她就跑。

来到新夫家，已是三更时分。洞房里红烛闪闪，桌上，两碗汤圆冒着热气，散发着浓烈的甜香。

从那以后，"寡妇脱白"离开前夫家的风俗在安居流传下来。"脱白"就是不能穿前夫家衣裳，脱得一丝不挂，表明和前夫再无瓜葛，也寓意脱去霉运。离开前夫家前，要扇灭亡夫灵前的烛火，举筷挑去覆头的白布，哭着出走时不能再回顾。哭时，要述说改嫁的万般无奈，诸如"昼无逗鸡之米，夜无鼠耗之粮"一类凄凉的话语。寡妇再嫁，不再举行婚礼，迎娶在夜间进行，不坐花轿，不吹打，不张扬，不设酒宴，静悄悄到新夫家，同男人吃了汤圆后即同房。第二天，煮汤圆（也有吃面的）分送左邻右舍，从此就做夫妻了。

五
涪江渔趣

露宿黄家坝，一夜好梦。

江流绕过黄家坝汩汩流淌，斑茅起伏在夜风中低语，间或夹杂有宿鸟的嘀咕声，都是天籁之音，催眠的小夜曲。可是，几年前，在此安营扎寨，枕边马达轰鸣，打鱼船喧嚣吵闹，从深夜晚到黎明，一刻也没消停。

打鱼船哪去了？长江流域禁渔，被焊枪割了，毁了，再不毁，江上连片鱼鳞也看不见了：探测捕捞的尖端技术，让鱼类无路可逃，渔船还拖着电网呢，电流横扫之处，大鱼电昏，小鱼毙命，就连蝌蚪螃蟹青蛙泥鳅也遭到毁灭性的灾难。江河陷入无鱼之困，变成绝望的死水，无语东流。

渔翁和鸬鹚

早年，没有先进的捕捞手段，没有过量使用化肥、农药，没有污染，涪江清澈见底，不长水草，也不见青苔，是鱼的天堂，白亮亮的鳞甲飞速滑行，青幽幽的脊背穿梭来往，一会儿如蘑菇云般升腾，一会儿如自由落体般下降。

君子爱鱼，取之有道。那时，涪江弄鱼，凭技巧，有很多趣事。

刷鱼

初夏，小麦黄了，涪江两岸的庄稼地潮水般涌动着耀眼的金光。这时节，刷鱼是刷白鲹。白鲹喜欢热闹，不像别的鱼，听见响声，就逃之夭夭。刷鱼人胡乱捡起泥块、石头，往江中一阵乱砸，咚、咚、咚响声不断，白鲹欢呼着聚集而来，鱼钩勾着菜青虫，一丢进江水，就被咬住了，手往上一扬，一道白光跃出江面。取下，勾好菜青虫，呼哧一甩，前脚还没收回，鱼又咬钩了，一抬臂，就取鱼，鱼线唰唰响，白鲹闪闪亮，手臂挥动，鱼竿起落，动作连贯，不停地刷，不住地取，直到手软腿酸，笆篓装满。

堵鱼

夏季，一下暴雨，稻田的水就顺着岸滩哗啦啦流往涪江。激流飞下，必有鱼儿上水。鱼们和逆流较劲，顺着水沟游了上来，在激流中嬉戏，游乐。堵鱼，就是堵上水鱼，必须带上一个搭档，背着背篓，或挑着水桶，端着撮箕。两人分工明确：一个堵水，挽起裤腿，踩进稻田，双手抱起硬泥，堵住稻田溢水口，截住水流；另一个堵路，借助奔流的喧响，闪电般冲去江边，把撮箕立在水沟里，堵住退路。如果动作慢了，水声小了，鱼们听出人类的脚步声，觉出危险，尾巴一甩，嚓的一声，闪电般逃回江中。

田水断流，水沟里显出了鱼脊，黝黑发亮密密麻麻挤挤挨挨。水流干了，鱼们仓皇不安，蹦跳着，落在沟壁上，又弹回沟中，啪啪地响。这时，用手一扒，就是满满一撮箕战利品，走上一两条水沟，就能满载而归。

那时的鱼真多啊，只要是涨水天，田埂壁上，爬满泥鳅，伸手一扒，就是大半撮箕。

上水鱼多是鲫鱼，小的一两，大的也有一斤多。小鱼拌上面粉，油炸至鱼皮泛黄，捞出锅来，稍一冷却，就可食用，皮绵肉香鱼刺酥脆，异常爽口。大一点的鱼，剖腹，滞盐，晒鱼干，或红烧，或清蒸，美味不减。

勾鱼

最动心的是勾鲢鱼。雨水节时，春江水温，鲢鱼发情了，体色变深。在黄昏、清晨，就会看到，公鱼引导母鱼，游到滩口。雄鱼在雌鱼身边划水示爱，激动得全身颤抖，宛如被电击一般。怀春的雌鱼禁不住撩拨，殷勤地抬高尾部，迎向雄鱼。它们一交合，就一动不动，甜蜜地依偎着。

这时，渔人出手了，握着鱼竿，甩出捆绑着无数鱼钩的鱼线。鱼们不知危险临近，依旧安之若素，静静地享受着爱的快乐，鱼钩张牙舞爪，贴近了鱼身，渔人使劲一拉，勾住了，鱼们拼死挣扎，踔命，踔得越凶，勾得越深，最后，被拖出水面，束手就擒。

滩口水浅流急，鲢鱼喜欢在此蹲守觅食。渔人利用它这习性，在滩口拉扯爆炸钩。那鱼竿像小孩的胳膊一般粗壮，指头粗的尼龙绳做鱼线，密密麻麻捆上鱼钩，也不勾诱饵，就一串空钩，在激流里上下拉扯，勾着鱼了，胳膊一沉，左右晃动，蹬起马步，和鱼较劲。鱼线粗，鱼竿结实，不管鱼如何挣扎，都于事无补，被垂头丧气拉出江面。

撒网

放钓

放钓就是放手不管,安放好钓饵,回家温一壶好酒,睡一个好觉,坐收渔利。

江岸插竿是一种方法。插竿粗壮,三米多长,鱼线长两三丈,足够结实,鱼钩锋利是必需的,确保和二三十斤重的大鱼折腾,能够胜出。插竿有一个简单的机关:在鱼竿中部锯出三个等距离小口,将约四寸长的小竹片两头削尖,插进小口,弯成圆弧,然后,在中间的小口横插一寸多长的小竹片,将鱼线系成两个活套,系另一小竹片上,竖着,卡在横置的竹片和圆弧上。傍晚,将插竿插进江岸近一米深,放下钓饵,等鱼上钩。插钓的原理就是:鱼儿咬钩一拖,竖置的竹片脱离管束,鱼线第一个套解开,线放出三米多长。这时,鱼出于求生的本能,使劲挣扎,拖着线旋游,就会拖开第二个套,线一下变成六米多长。鱼儿游累了,可以沉下河底,小憩。如果是小鱼,直接被钓上来,晾在半空,第二天清晨取鱼,鱼鳞都风干了。如果鱼够大,劲够足,还会拖走鱼竿，在江里跘命，最后，耗尽精力，浮在水面，如果那鱼得了神通，吐出鱼钩，就逃出生天了。

还有一种是滩口放绳。渔人把一根上千米长的棕绳，横置在滩口，在岸上系紧，三小时后收钓。绳上每隔三米捆一颗鱼钩，用蜗牛做诱饵。团鱼从江水里爬出来，蹒跚地爬过滩口，一贪吃，就上当。有时，一根绳子钓住二十多个团鱼，大的四五斤，小的一两斤，二十世纪六七十年代，团鱼能卖上三元一斤，三个小时收入一百多元，那是一笔巨大的财富。

团鱼炖汤是一大美食：鱼汤鲜香爽口，鱼肉糍糯，粘嘴皮。

划鱼

有道是钩钓好吃鱼，网打倒霉鱼，罾搬过路鱼，船划欢喜鱼。这船就是白板船，七米多长的独木舟，船舷一边高、一边低，高的一面挡鱼，低的一边迎鱼，接近水面。一块木板刷着白漆，或者石灰浆，斜靠船头。船头搁一盏马灯。船行江中，波光粼粼，白板映在水面有一种流动的错觉，鱼们以为是河滩，就跃出水面，射进舱来。桃花水涨，水温上升，鱼儿活跃了，趁着夜色，把船推进江里，木桨轻快划动不出水面，无声无息划到水流

下网

湍急的滩下，停在二流水处。头流水刚下滩，浪涛飞泻汹涌澎湃，船站不稳，鱼停不住。二流水性情温和，氧气充足，游到这儿的鱼，青春年少，活力旺盛，最爱嬉游蹦跳。一道白光飘来，鱼们以为是流水下河滩，就鼓鳃甩尾，一个接一个腾越飞翔，流金泻银般落进船舱，还不停地翻腾，蹦跳，洋洋得意，拍得船舱"啪啪"响。大鱼蹦得高，很容易蹦下船去。打鱼人拿着蓑衣，按这头，扑那头，一刻也不敢偷闲。有个打鱼仔，划了数十年的白板船，在一天清晨，兴冲冲划上归途，一条大鱼，黑亮亮地蹦上船来，横搁船上，朝他眨眼，眼神诡异，眨得他毛骨悚然，浑身冒起鸡皮疙瘩，还没等他反应过来，船一下就没入江中，沉了下去。

一个漩涡打来，他呛了口水，身上的衣裤被剥得干干净净，他意识到危险，闭着气，游出漩涡，此后，放下裤脚，再也不到江上讨饭吃。

数罟不入洿池，鱼鳖不可胜食也。十年禁渔，十年期待，涪江若能清澈见底，鱼们将会重返天堂。

六
方言趣话

方言是地域文化的活化石，是母亲膝盖上学来的语言。方言不仅意味着一种语言能力，还意味着一种文化、一种思想、一种风俗人情。

这里收录的方言趣话，普遍流传于安居民间。

胎起了

胎起了，就是有了，怀上细娃，生米煮成熟饭了。这事儿，男女双方都着急，婚事得赶紧办，要是大起肚子拜堂成亲，女青年遭千夫所指，男方的妈老汉走在大街上，也要被人家戳背脊骨。

也有男人不负责任，提裤子走人，死不认账。姑娘家急得像热锅上的蚂蚁，只得赶紧找媒婆提亲。姑娘见过世面，知道如何把玩男人，一熟识就主动进攻。女追男，隔成纱。男人如坛子里的乌龟——手到擒来。于是，二手男人就胎起了，黄泥巴掉进裤裆头——是屎也是屎，不是屎也是屎，所以，胎起了就有了另一层含义：摊上了难办的事情，既脱不了关系，还得负责。

民国初年，军阀混战，铜梁一年当中九易知事，十易驻军。治安无人负责，土匪啸聚山林，百姓怕抓丁拉夫，绅粮怕绑票拉肥，最怕的还是军阀勒索。换一次驻军，交一回军粮，百姓苦不堪言，负责征粮的总粮长、分粮长无人愿当，那是祸水，有的地主都往别人身上引，于是，另一些地主被赶鸭子上架，这就是胎起了。收不到一定数量的军粮，你就挑自家仓里的粮食去交。胎起了，就是遭鬼摸了脑壳，一副苦瓜脸，霉起冬瓜灰哟！

叉巴

叉巴是说女娃儿不庄重，说话粗鲁，带着铧口耙子牛都踩不烂；跟长辈言谈，也没大没小，不晓得天高地厚；站没得站相，弯腰斜肩，还抖着两条腿，坐没得坐相，不是张开胯，就是把二郎腿跷起，飞叉叉的：去走人户，坐席，同桌上席方的老辈子还没说话，叉巴女端起碗就开吃，筷子伸向肉碗，一戳，就戳起几块肉，塞进嘴巴头，鼓起腮帮子，毛起整，饿痨饿吓的，像牢头放出来的一样，还边吃边说话，口水飞溅。那年月，吃席是水八碗，扣肉、二肥坨，都是每人拈两下，那是厨官师数了数的。叉巴女才不管，一筷子戳两片，两筷子戳四片，弄得席间手脚慢的老人，举箸茫然。席散人走，叉巴女没规矩，臭名远扬。

叉巴女放人户，事关终身幸福，当爹妈事前自然要敲警钟，提要求，甚至打骂威胁，她自然有所收敛，到得男方家头，尽可能装出斯文，彬彬有礼，给男方良好的第一印象。于是，衣裳布、人民币等见面礼少不了。可是，她前脚一走，就有戳客放烂药：那是个叉巴女，没得家教，讨她做媳妇，倒八辈子的霉！

三个说客，不及一个戳客。小伙子听得心头直打鼓：完了，完了，叉巴女是母老虎，以后的日子啷个过？这家的老人犯嘀咕：叉巴女凶悍，过了门，那还得了？老子莫非要在她胯下打蹲？

按照江湖规矩，男方毁约，女方是不退见面礼物的，但为了家庭幸福，也就是肉包子打狗——有去无回了。

咬卵匠

咬卵匠有点二，有点横，没得道理横起搬。本来，卵（男人的命根）是不能咬的，他偏磨牙霍霍，咬定青山不松口。你说是麻布，他说是丝绸；你道那是麦子，他说那是韭菜；你说城门洞卖的是哑巴锅盔，他说那是烙麦粑；你说《沙家浜》是掩护新四军伤病员，《奇袭白虎团》是帮到朝鲜打美国，他说我晓得，都是农业学大寨。横搬时，咬卵匠把脑壳昂起，颈子犟起，口水溅起，嗓门粗，眼睛鼓，只听他说，不让你有插嘴的机会。

咬卵匠有这种德行，自然不合群，没人和他说话，一说就吵架，还露出獠牙，要咬卵，惹不起，还躲不起？于是，他一出现，人们都绕道走。在家里，咬卵匠是皇帝，气冲牛斗，还总是有理，婆娘儿女都让他，也怕他，可是，一到晚年，扭不动了，婆娘嫌，儿女不孝，端茶倒水，久呼无人理，火舌落到脚背上，才晓得烫了，可是晚了，于是，咬卵匠老泪纵横，感慨万千：狗老砂锅炖，人老逗人恨哟！

钻磨眼

娃儿不是读书的料，硬逼着他读，考了五十分，要上八十，得了四十名，要冲上前五。娃儿写作业，他拿一根刷条子，放在桌边作威慑，一旦发现不专心，刷！刷！劈头便抽。娃儿被打得乌嘘呐喊，惊哇武叫，直呼讨饶。他骂骂咧咧，余恨未消。大人一旦转过身，娃儿不见了，跑出去玩耍了，到了半夜，眼皮打架了，作业还是没完成。第二天上学，听讲打瞌睡，下课抄作业，一天两天，如老牛拉磨，原地转圈。临到升学考试，距离录取线远得很，于是，砸锅卖铁，拉一勾子烂账，也要娃儿补习，一年不行，两年，三年，补到娃儿不回家了，找不到人了，这才着了急。

这就叫钻磨眼，也就是认死理，一根筋，不变通，那个眼眼细小钻不过去，硬是估到钻，一条道走到黑。

　　人到了老年，这痛那病，是自然规律不可抗拒，可是，钻磨眼更加执着，非要从那个眼眼钻过去：腿不行了，走起疼痛酸软，针灸、推拿、火罐、炙烤、虎骨酒、膏药一起上，誓要恢复到从前，两脚生风，要去登长城，爬泰山。一月、两月，不见成效，十月、一年，依旧是双腿无力。这下，更加焦虑烦躁，老伴一言一行都会是仇恨的火苗，对儿女也怨愤，责怪：你们管不管？儿女不敢怠慢，再次带去看医生，医生说：这不是病，是老了，在家里将息。哪个将息？这哪个将息？他要住院，住进去了，眉开眼笑：有盼头了，就要恢复到年轻时候了，谁知，一个月转眼即到，走起路来，还是摇摇晃晃，丢不了拐杖，就怨医生没本事，要转院，住进另一家医院，又有盼头了，眉飞色舞，心花怒放，好像得了神通，就要健步如飞。日子过得很快，转眼又是一个月，就要过节了，儿女接他出院，回家团聚。他不干：要治病，治好了去爬长城，意志坚定，老眼里闪着希望的火花。

第四章　民俗风情　185

无奈出院，心事重重，眉头紧锁，失望，烦躁，焦虑，骂人，骂医生没本事，骂儿女不管……

那个眼眼钻不过，硬是要钻。

炽耳朵

炽耳朵专指怕老婆的男人，耳根子缺钙，在老婆面前低眉顺眼，说话低声，走路小心，老婆叫向东决不向西，叫撵狗决不撵鸡。老婆的话都是最高指示，理解的要执行，不理解的要执行，暂时不理解的也要执行。

老婆有剩饭，端起就吃；老婆逛街，提包紧跟；老婆购物，推车伺候；老婆回家，端茶倒水；需要零用钱，静候批准；挣到外快，立即上交；美女迎面走来，哪怕有沉鱼落雁之容、倾国倾城之貌，也不偷看一眼！老婆是灵魂，是核心，是前进的灯台，是指路的明灯，是光芒万丈的太阳。炽耳朵像葵花默默地围绕太阳转。

家庭无原则，以炽求亲热，炽耳朵有福，自然得到妻子喜欢，但也要经受考验。

一日，炽耳朵为老婆洗了脚，端起脚盆，要去倒水。老婆命令：把洗脚水喝了。炽耳朵不干，嫌脏。老婆凶神恶煞，问：你喝不喝？炽耳朵怕了，就躲到床底下，任凭老婆骂，不吱声。老婆说：你出不出来？炽耳朵说：男子汉大丈夫，说不出来就不出来。这时，邻居哥们敲门了，炽耳朵的婆娘担心被邻居瞧见，成为笑谈，急忙给炽耳朵说：你去买半斤白糖，和在洗脚水头，就好喝了。

于是，炽耳朵出门，去买糖。邻居哥追上他，问他有啥急事？炽耳朵遇上了知音，便痛说革命家事，咬牙切齿控诉十恶不赦的贼婆娘。邻居先是大惊失色，继而怒火万丈，豪情满怀，恨恨地说：都是你个炽耳朵，要是我呀，哼！

这时，邻居婆娘走过来，揪着这哥们的耳朵，使劲一拧，问：你想做啥子？

这哥们回答：我不放白糖都要喝。

提劲打靶

某单位失盗，放像机被贼偷了，电视连续剧才看到一半，突然就没得看了，职工们心慊慊的，骂贼娃子：没良心，生个娃儿都没得屁眼！

公安局来了负责人，破此案，拍着胸膛，打包票：这个案子，小菜一碟，现场就能抓出贼娃子。他命令召集全体职工开会，亮开火眼金睛，妖精马上就要现原形。

集合，左右看齐，报数，整队完毕。他背着手，走过来，走过去，亮出虎眼，挨个扫视，营造高压气氛，然后，拿腔拿调，一词一顿，尾音彪得高：贼娃子，你表现得真是充分，露的马脚太多，你好高的个子，好重的身子，穿好大的鞋子，哪阵进的屋，哪只脚先踩进去，哪只脚后踩出来，哪只手抱的放像机，赃物藏在哪里，我都一清二楚。我就看你坦不坦白，交不交代！我先给你五分钟的时间思考，给你争取宽大处理的最后机会，哼，哼，哼！等我来抓你，你买不到后悔药哟。

跟他一道来的警察，听得直跺脚：提劲打靶的，啷个收场？

提劲打靶说的不是军事训练，而是虚张声势、吹嘘、夸海口、诳天话。

两百斤重的担子，明明挑不动，他说：我拿两根指头捏起就走。

别人本事大，他不以为然：哼，我拿只手提裤儿，都要搞赢他。

总以为自己行，能挟泰山超北海，能端起太平洋当水瓢，能摘下月亮当电灯照，一个哈欠风云变色，一声召唤甘霖普降……他一出面，没有搞不定的人，没有办不好的事，没有诞生不了的人间奇迹。

他就是天王老子。

哈不开

两口子吵了架，妻子一气，不伺候了，丢下娃儿，跑回娘家，散心去了。

老公也有气，才不跟你服软，老子离了胡萝卜也要办席。他忙里忙外，给孩子煮饭洗衣，给卧床的老人端水喂药，立誓要争一口气，要婆娘跪到跟前来求。可是，没两天，娃儿病了，发烧，咳嗽，不吃不喝，他请了假，带孩子看病，回到家，赶紧弄饭，却发现家里没米没油没菜，跑去买来，娃儿已经哭哑了嗓子。

他急了，跑去岳母家，央求老婆：哈不开哟！我错了，我该死！

哈不开，就是事情办不了，办不好。

新官上任三把火，整顿作风，制定制度，调整人事，烧得单位里怨声载道鸡飞狗跳。

下车伊始，考虑不周，操之过急，加上立足未稳，就有人摇板凳脚，要他的交椅坐不稳。于是，要求办的事，总有梗阻，总是磕磕绊绊，上级要来检查，不是材料没弄好，就是车子没加好油，办具体事的还突然请假，弄得他一筹莫展：哈不开哟！工作难开展，锭子舂海椒——辣手啊！

端甑子

学姐青春十九，学妹芳龄十八，毕业后，同在古城医院工作，同住一间十平方米的小屋，上班下班，吃饭睡觉，逛街购物总是牵手同行，就连衣着打扮也一模一样，亲密得如同孪生姐妹。都是做梦的年龄，都长得花儿一样好看，对爱情和人生都有着浪漫幻想，对婚姻和家庭更是急切热望。

学姐恋爱了。男朋友在镇政府上班，父亲是卫生局局长。一到周六，准姐夫就骑着镇上唯一的嘉陵摩托，接学姐兜风。学妹搂着学姐的腰，骑了一次，欢乐得尖叫。

仅此一骑，学妹再不同行了，因为，学姐搂着男朋友的腰，搂得绑紧，还把脸贴上后背。当电灯泡的滋味不好受，她心里酸酸的，可是，学姐总要带着她，尤其是男朋友来寝室时，更不许她离开。她对学妹说：男朋友总是动手动脚，我不能让感情发展太快了，有一盏灯泡照到起，他就不敢拽了。

碍于情面，学妹不好拒绝，却暗自叫苦。

天上又掉馅饼：学姐去省外进修，时间一年。临行前，学姐郑重托付：男朋友母亲有病，每周注射一次针药，请妹妹帮帮忙。

学妹的心没来由的跳得很快。

于是，学妹如约前去，殷勤照顾。每次都是周六晚饭后，准姐夫也都送回医院。一来二往，学妹与准姐夫说的话多了，走的路长了，随意了。

一天夜里，又送到寝室房前，姑娘挥挥手说声再见，转过身去，脚下一晃，就向地上倒去。小伙子急忙伸出手，稳住了她，那手搂在了腰上，还趁机往身前使劲拉，把姑娘搂进了怀里。如此亲密接触，是第一次，两人都麻酥酥的像过电，姑娘红着脸，靠着小伙一动不动。小伙搂着她走进寝室。姑娘推他，说时间不早了，你回去吧。小伙俯下头，啵了一下。姑娘摸摸脸，乜斜着眼睛，娇嗔地说：这是第一次。

小伙得到鼓励，一口下去，吻着姑娘，甜蜜而悠长……

周末，摩托车飞驰，学妹搂紧男友，贴上坚实的后背，欢乐的尖叫化为身后的长风。

跟闺蜜关系再好，也不能让男朋友介入其间，这是教训。

抢别个的恋人，就是端甑子。

你想想看：炉火熊熊，热气腾腾，饭蒸熟了，肉蒸香了，就要美滋滋地饱餐呢，突然，冲出一人，把甑子端走了。

一个比喻。

幺不倒台

迎面走来的是发小，从小学到高中，同读一个班，同睡一张床，就连发小的前妻也是他帮忙，才追上的。两人的友谊算起来快二十年了，自然不一般。

发小看到他了，点点头，笑了一下，仅仅一下，目光迅速收回，平视前方。他以为发小故意装怪，就张开双臂，迎了上去，发小伸出一只手，直直地插进他的掌中，刚一接触，迅速抽离，连指头也没弯一下。他抓住不放，却被发小身后的人一把推开。发小昂着头，挺着胸，半握拳，步子不紧不慢，双臂摆幅虽小，却很有力度，像在下操。他的身后跟着一群人，两米远的距离，一样的身姿，一样的步幅和节奏，明眼人一看，是在刻意模仿。

发小升官了，头上的乌纱帽太重了。

幺不倒台哟！

幺不倒台，就是了不起，洋洋自得，威风八面，跺一下脚，地皮都要抖，衣襟角掀起风来，都要吹翻人。

第五章 美食流芳
MEISHI LIUFANG

旅行，奔美景而去。

美景赏心悦目，是视觉的盛宴；美食齿颊留香，是舌尖的快感。旅游地的名特美食，是当地的地理标志，给出行难以忘怀的享受。踏上旅途，驱车长路，景点姗姗来迟，疲惫总是袭人，但是，美景在前方诱惑地招手，给旅行者提供精神的支撑，美食则是消乏的良药，给旅游者以高峰体验。旅行安居古城，什么都可以放下，唯有美景和美食不能错过。

一

翰林酥

取道渝遂高速公路，往返成渝两地的旅客，不管是出差，还是回乡度假，途经铜梁，总喜欢在安居口下道，买小吃翰林酥，给自己解馋，给远方亲朋捎口福。

翰林酥作坊坐落在安居古城的大南街。这里是游客打卡地，人头攒动，目光灼灼。游人聚在店门前，饶有兴味地等待翰林酥出炉，然后，买一袋，捏在手里，一边品尝美味，一边游览观景。重庆市党政主要领导考察安居，也驻足店前，赞不绝口。

翰林酥的特点是散酥松脆，甜微香清。

酥脆的秘诀在熬糖。熬的技巧是拿捏火候。冷锅下油，倒进

两勺黏稠的麦芽清糖，一勺晶莹剔透，一勺暗红发亮，从这一刻起，锅铲挥动不停，一停，糖就粘锅，火头硬，温度高，就串出焦煳味儿！火焰炙烤，水分越熬越少，清糖越熬越稠，翻铲就越费劲，锅铲不停游走，为了均匀温度，也为了熬火候。熬老了，焦煳，难吃；熬嫩了，软软的，粘牙。师傅说：火候的拿捏就像做人，软弱被人欺，刚强易失败。熬糖半小时，铲多少铲，全凭经验，感受糖的浓度对锅铲的阻力，那是手艺活儿。

　　甜微香清的秘诀在于配料。绿色食材，带着清新的田野气息，不调味，不防腐，不用任何添加剂。最主要的麦芽糖，用小麦作原料，经过发酵、磨粉、过滤、熬炼等工序制成，装入桶里，等到制作翰林酥时，再舀出来熬炼。糖熬好了，打下手的师傅端来一盆洁白如玉的爆米花，倒进锅中。掌勺的师傅紧张了，更来劲了，弯下腰，蹬起马步，铲，使劲铲，频率加快，手臂肌肉绽起，额头汗珠渗出，锅铲在麦芽糖里穿梭，爆米花在高温中扑腾，为的是搅拌均匀，充分黏附。爆米花加几次，加多少，根据麦芽糖熬制的火候与成色而定。糖和爆米花的比例要恰到好处，少一分甜腻，增一分不酥脆。当爆米花浸润糖分，染成暗红色的时候，搅拌结束。

　　技师脑瓜灵活，花样多，撒上芝麻，既添色，也增香；加上枸杞，有明目作用；配入葡萄干、花生仁，缤纷五彩，也多了卖点。

　　拌好了，端起锅，倒在案板上，女技师操起用香木做成的小圆滚，来回碾压，推平，压紧之后，手起刀落，切成厚薄均匀的小块。翰林酥排列整齐，像接受检阅的士兵，立正稍息，向左向右看齐。沙场秋点兵。女技师挺直腰板，像凯旋的将军，露出了满意的笑容。刚出锅的翰林酥，味道最美：微热微软，清香扑鼻，酥脆爽口。

　　翰林酥作坊顾客盈门，那是常态。锅灶当街而立，生产全程直播。我问过老板肖刚，为什么不在里屋制作？老板说，吸引看客是吆喝的手段，就像歌咏比赛，来一段芭蕾舞，那才吸引眼

炒酥

球。而顾客却另有一番心思，熬糖的耐心，用料的真纯，出炉的辛苦，看得明白，吃得放心，想吃桑葚味儿添加桑葚，想吃葡萄味儿，添加葡萄干。互动，也是一种乐趣。

掌勺的女人是古城一景，秋波流转，锅边舞蹁跹。这女人漂亮，穿着一件花短袖，肌肤白里透红，"垆边人似月，皓腕凝霜雪"，有古风的雅致，佳丽的婉约。

游客一群接着一群，鼓动腮帮子，吃相不雅，只怪美食太诱人；也有雅致的吃法：坐在餐桌前，在牛奶里丢几块翰林酥，别有一番滋味和情趣。

下午茶喝到第三泡，味儿有些寡淡，而这时，用翰林酥佐茶，喝四泡、五泡也不嫌。富有情调的吃法，是一种创意，也是美食新体验。

翰林酥是有来头的。安居贤达吴鸿恩，少时嗜书如命，母亲担心他读垮了身子，就做了米酥，存在防潮的生石灰缸里，供他夜间充饥。吴鸿恩高中进士，觉得米酥功不可没，就把米酥改为翰林酥。

二
覃烧白

覃天明是安居本地人，十八岁学厨艺，出师后，在重庆主城帮厨，学经营之道，又去河南主厨三年，然后，回到安居，二十一岁独立开店经营，由于菜品味道好，本地人都叫他覃烧白，他的真名被忽略不计了。

覃烧白是安居的一道特色菜，有咸烧白和甜烧白之分：咸烧白通常以老咸菜打底，咸味里夹着爽口的微辣，端上桌香气四溢；甜烧白用糯米饭打底，以五花肉夹豆沙蒸成，甜而不腻，香滑软糯，让人胃口大开，垂涎三尺。

覃记门店

烧白

覃烧白的瓦罐牛肉，一样好吃。这道菜用猪大骨煲汤，水牛精瘦肉汆水，加香料煮，切成肉丁，入锅煲熟，加番茄酱、牛肉膏、葱花起锅，入口杷而不烂，鲜香爽口。

覃烧白店还有一道特色菜：三色兔。这道菜色彩鲜艳，肉质鲜美，又麻又辣，开胃至极。

酸菜鱼是该店的家传名菜。覃烧白的老爹最喜欢在涪江钓鱼。有一天，他将鲜鱼剖好后，准备熬鲜鱼汤，可是，老伴误将鱼放入了煮泡菜汤的锅里。他本以为鱼汤一定腥臭，但是，煮好一尝，鲜美至极。于是这道意外之菜被覃烧白继承下来。初冬，他用青菜腌渍酸菜，大坛贮存，随用随取，酸菜鱼酸鲜爽口、消暑解腻，与鲜嫩的豌豆同煮，更是开胃名菜，一端上桌就让人有吃一大碗饭的欲望。

第五章 美食流芳 197

三
哑巴锅盔

会龙桥头小广场，时常飘着馋人的香味，哑巴锅盔正新鲜出炉了。哑巴卖锅盔，不用吆喝，每天只加工五十斤面粉，搓揉擀卷，现烤现卖，早早收工。

哑巴锅盔手工烘烤，外酥里嫩，鲜香味美，可大可小，可厚可薄，可硬可软，可甜可咸，可以干吃，也可以夹着香肠、鲜菜吃，口感丰富，回味无穷。

锅盔出炉

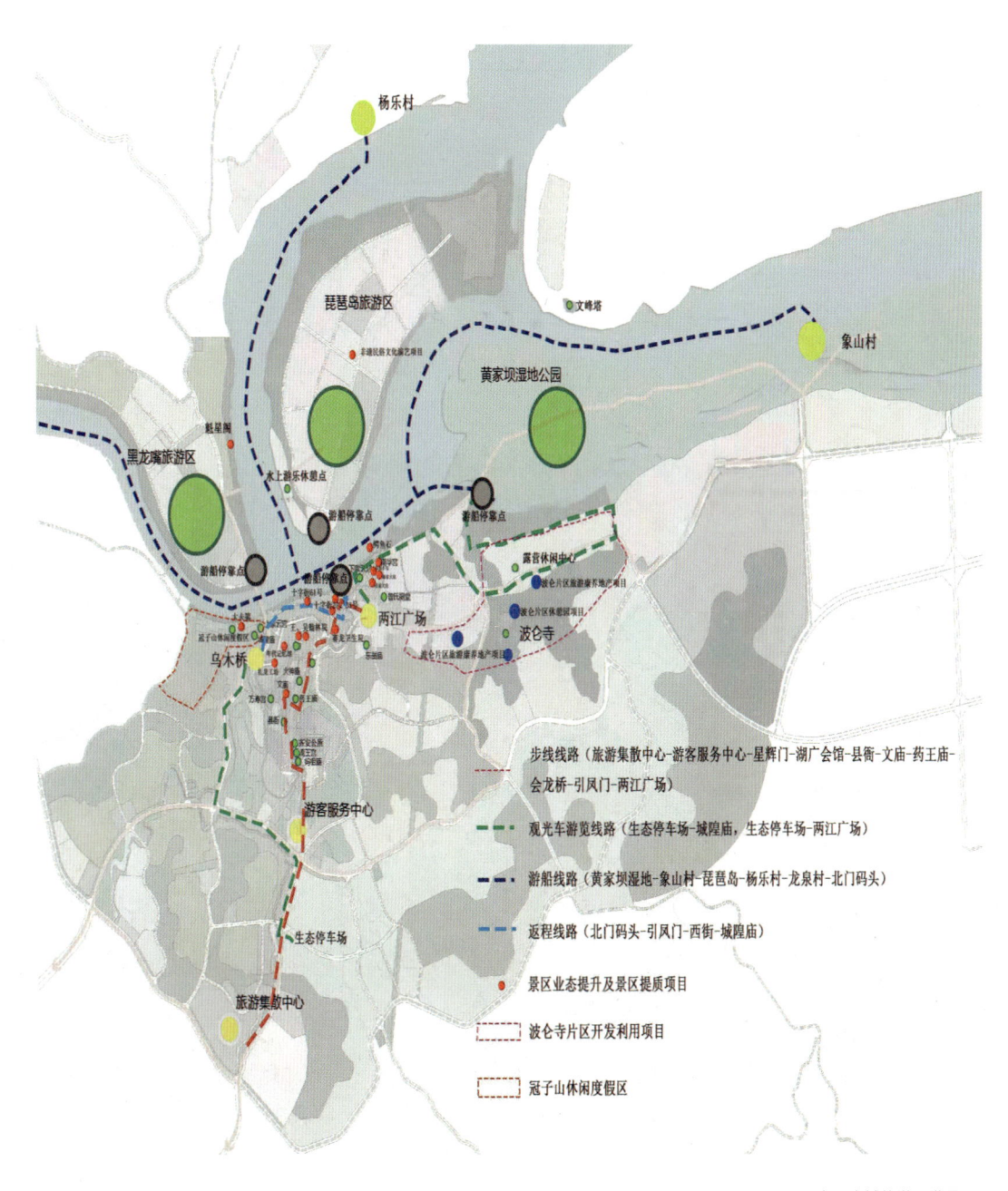

安居古城旅游导览图